Die Originalausgabe erschien 2013 unter dem Titel
De ma terre à la Terre bei Presse De La Renaissance, Paris.

7. Auflage 2024

Gesetzt aus der Minion Pro
von JournalMedia GmbH, Susanne Tauber
Druck und Bindung von CPI books GmbH, Leck
Printed in Germany
ISBN 978-3-312-01152-0
www.nagel-kimche.ch

Sebastião Salgado

Mein Land, unsere Erde

mit Isabelle Francq

Aus dem Französischen
von Sina de Malafosse

NAGEL UND KIMCHE

Inhalt

Vorwort

Eine Fotografie von Sebastião Salgado zu betrachten heißt, die Würde eines Menschen zu spüren. Es heißt begreifen, was es bedeutet, eine Frau zu sein, ein Mann, ein Kind. Wahrscheinlich ist das so, weil Sebastião für die Menschen, die er fotografiert, eine tiefe Liebe empfindet. Wie sonst könnten sie so präsent, lebendig und selbstbewusst in seinen Bildern sein? Und wie sonst könnte der Betrachter eine derartige Verbindung zu ihnen spüren? Sebastiãos Arbeiten bewegen mich schon lange: Mir gefällt die barocke Ästhetik seiner Bilder, das außergewöhnliche Licht, die Kraft, die von ihnen ausgeht, aber auch die Zärtlichkeit, die sie ausstrahlen und die das Beste in mir wachruft.

Durch einen glücklichen Zufall durfte ich Sebastião und Lélia, seine Frau, kennenlernen. Ein Paar, das mich verzaubert, denn hinter Sebastiãos internationalem Erfolg steht der einer Beziehung mit Seltenheitswert.

Eine Geschichte über die wahre Liebe und ein gemeinsames Arbeiten, bei dem jeder eine feste Rolle hat, seinen Platz, und weiß, was er dem anderen verdankt. Gemeinsam haben die beiden eine

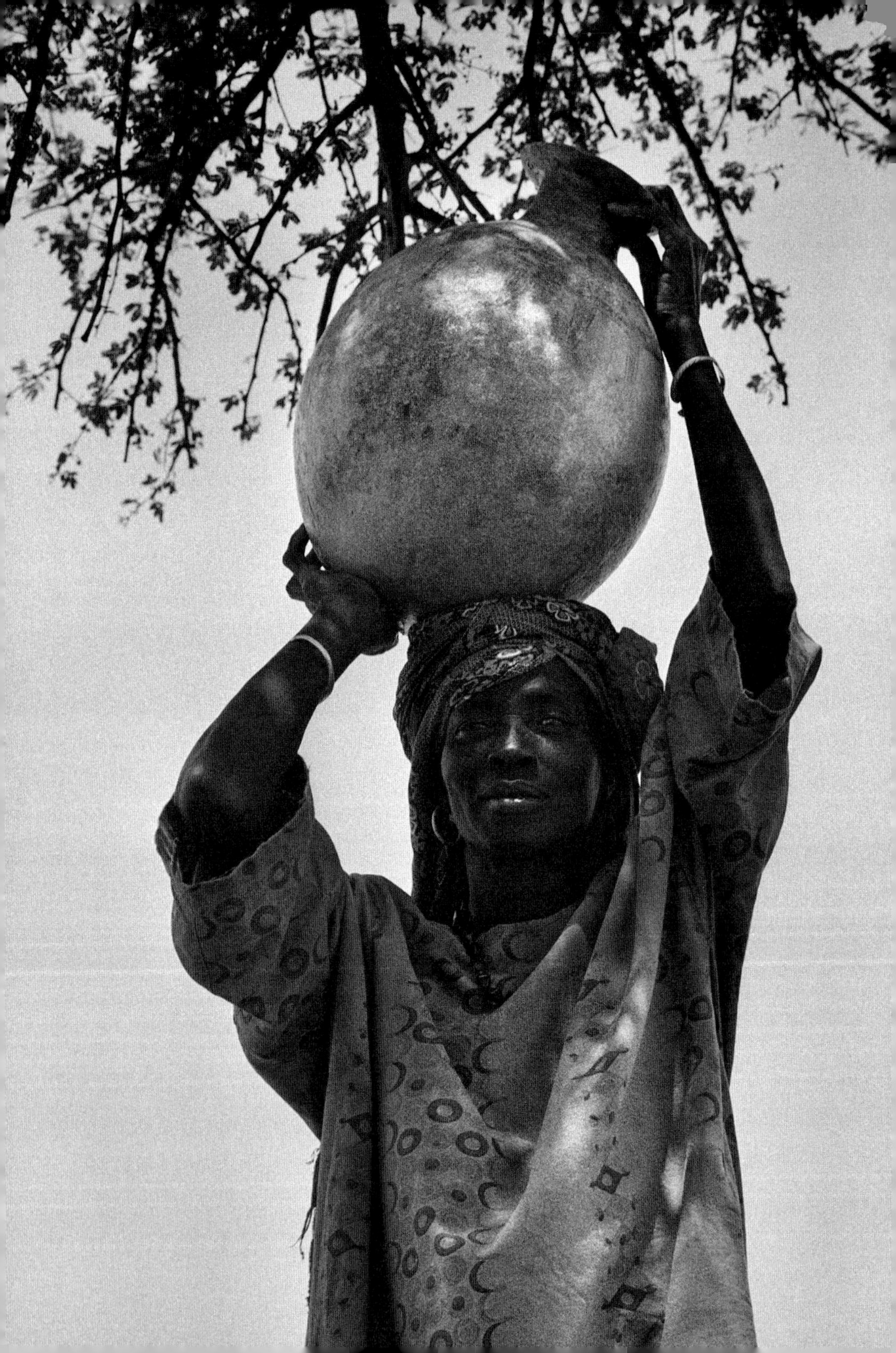

Familie und eine Agentur, »Amazonas Images«[1], gegründet und haben ein Umweltprojekt, das »Instituto Terra«[2] ins Leben gerufen, um den Atlantischen Regenwald von Brasilien aufzuforsten. Das macht einen großen Teil ihrer Arbeit aus.

Ich habe festgestellt, dass Sebastiãos Bilder um die Welt gehen, seine persönliche Geschichte, die politischen, moralischen und existenziellen Wurzeln seines fotografischen Engagements aber kaum bekannt sind. Diesen Missstand wollte ich korrigieren und Sebastiãos Stimme durch mein journalistisches Schreiben Gehör verschaffen. Am Tag vor der Präsentation seines Projekts »Genesis« – einer Reportageserie über die noch unberührten Flecken unseres Planeten – war er so großzügig, diese Idee zu unterstützen. Er nahm sich die Zeit zwischen zwei Flugreisen, zwischen Reportagen, der Herstellung von zwei Bildbänden[3] und den Vernissagen zu einer Ausstellung, die rund um die Welt gehen sollte. Mit entwaffnender Freundlichkeit und Natürlichkeit schilderte er mir seinen Lebensweg. Er legte seine Überzeugungen dar und teilte mir seine Gefühle mit. Ihm zuzuhören war mir eine große Freude, und es ist sein Erzähltalent, das ich hier sprechen lassen möchte: In ihm liegt die Authentizität eines Mannes, der gesellschaftliches Engagement und Professionalität, Talent und Großzügigkeit in sich vereint.

Isabelle Francq

---

1 Amazonas Images, gegründet 1994; Sitz: 93 Quai de Valmy, F - 75010 Paris; www.amazonasimages.com

2 Instituto Terra, gegründet 1998; Sitz: RPPN Fazenda Bulcão, Postfach 005, CEP: 35200-000, Aimorés, Minas Gerais, Brasilien

3 Genesis, Taschen, Köln, 2013 (der eine in der Reihe »Fo«, der andere in der Reihe »Sumo«)

Frau mit Wasserkrug bei Tchin Tabarden, Region Tahoua, Niger, 1973.

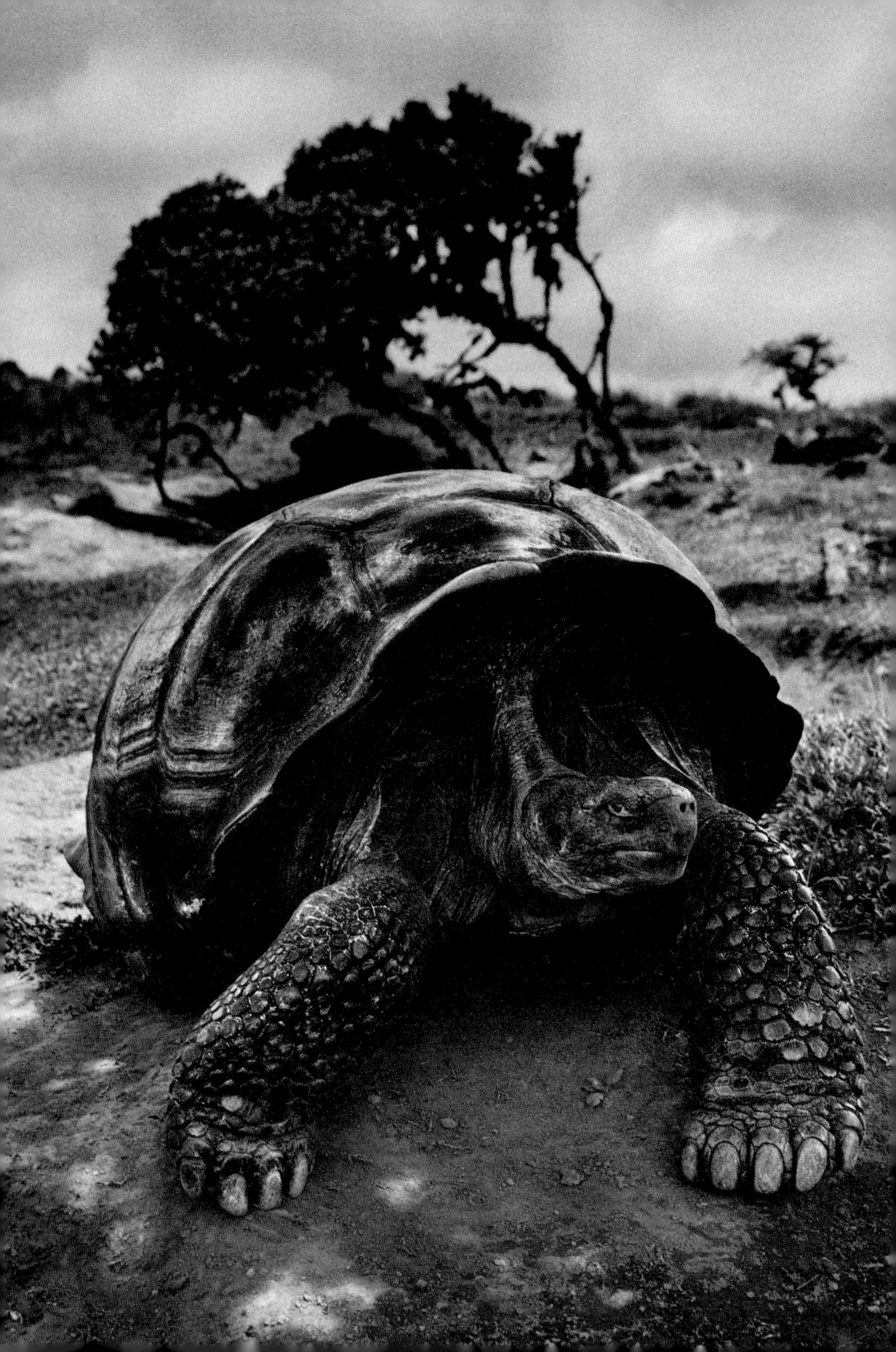

Riesenschildkröte,
Insel Isabela,
Galápagos,
Ecuador, 2004.

1

Zu Beginn: »Genesis«

Wer keine Geduld besitzt, kann kein Fotograf sein. Einmal war ich auf der Insel Isabela auf den Galápagos-Inseln, in der Nähe eines sehr schönen Vulkans namens Alcedo. Es war im Jahr 2004. Dort traf ich auf eine gewaltige, mindestens 200 Kilo schwere Riesenschildkröte, eine von der Art, die für den Archipel namensgebend war. Jedes Mal, wenn ich mich ihr näherte, lief die Schildkröte davon. Nicht allzu schnell, aber ich konnte sie trotzdem nicht fotografieren. Also überlegte ich: Wenn ich Menschen fotografiere, trete ich nie inkognito an eine Gruppe heran, ich lasse mich immer zuerst vorstellen. Danach stelle ich mich jedem Einzelnen persönlich vor, erkläre mein Anliegen, diskutiere es mit ihnen, und nach und nach lernen wir uns kennen. Ich begriff, dass der einzige Weg, die Schildkröte abzulichten, darin bestehen würde, sie kennenzulernen, mich auf sie einzustimmen. Also wurde ich selbst zur Schildkröte: Ich ging auf alle viere und begann, Handflächen und Knie am Boden, auf gleicher Höhe mit ihr zu krabbeln. Da floh die Schildkröte nicht mehr. Als sie stehen blieb, zog ich mich ein Stück zurück. Sie kam auf mich zu, ich krabbelte von ihr weg. Ich wartete einen Augenblick, dann näherte ich mich ihr erneut, langsam, nur ein Stückchen. Die Schildkröte machte eine weitere Bewegung in meine Richtung und sofort wich ich einige Schritte zurück. Da kam sie weiter auf mich zu und ließ sich ruhig betrachten. Ich konnte anfangen zu fotografieren. Es kostete mich einen Tag, mich der Schildkröte zu nähern. Einen ganzen Tag, um ihr begreiflich zu machen, dass ich ihr Territorium respektierte.

Ich habe in meinem Leben einige Fotostorys realisiert, die unsere Zeit und die Veränderungen unserer Welt beschreiben. Jedes Mal benötigte ich mehrere Jahre dafür. Es heißt oft, Fotografen seien Bildjäger. Das stimmt, wir sind wie Jäger, die viel Zeit darauf verwenden, das Wild zu beobachten, zu warten, bis es aus seinem Versteck kommen will. Beim Fotografieren ist es dasselbe: Man muss die Geduld haben abzuwarten, bis etwas geschieht. Denn es wird immer etwas geschehen, unweigerlich. In den meisten Fällen gibt es keine Möglichkeit, dieses Geschehen zu beschleunigen. Man muss also Freude an der Geduld entwickeln.

Vor »Genesis« hatte ich nur eine Spezies fotografiert: den Menschen. Für das »Genesis«-Projekt, das ich der unberührten Natur gewidmet habe, musste ich in den acht Jahren, in denen ich durch die Welt reiste, lernen, wie man mit den anderen Arten arbeitet. Bereits am ersten Tag der ersten Reportage und dank der Riesenschildkröte verstand ich, dass man ein Tier lieben muss, um es zu fotografieren, dass man Freude daran haben muss, seine Konturen, seine Schönheit zu studieren. Bei dieser Art der Betrachtung und des Ablichtens muss man es respektieren, muss seinen Raum und sein Wohlbefinden schützen. Von da an begann ich also mit Tieren auf dieselbe Weise zu arbeiten, wie ich schon immer mit uns, den Menschen, gearbeitet hatte.

Um mit der Serie zu beginnen, wollte ich mich auf Darwins Spuren begeben, ich hatte »Die Fahrt der Beagle«[1] gelesen. Ich verbrachte drei Monate auf den Galápagos-Inseln, wohin Darwin nach seiner Umrundung des Globus gereist war und wo er seine Evolutionstheorie fertiggestellt hatte. Das aus achtundvierzig Inseln und ein paar Felsen bestehende Archipel stellt eine Art Synthese der Welt dar: Man findet dort Arten vor wie die Schildkröten, die vom südamerikanischen Kontinent stammen, der etwa 1.000 Kilometer entfernt liegt. Sie waren auf dem Archipel gestrandet, nachdem sie auf vom Regen entwurzelten Baumstümpfen über den Pazifik getrieben waren. Die Schildkröten allein bestehen aus elf Unterarten, die jeweils auf einigen Inseln des Archipels vorkommen und auf anderen nicht. Auf jeder Insel haben sie sich anders entwickelt. Auf manchen haben sie einen vollkommen platten Rücken, vielleicht, weil sie Hunderte von Jahren unter Druck lebten. Auf anderen haben sie einen gewölbten Rücken. Ich sah Exemplare mit zwanzig

1 The Voyage of The Beagle wird auch als Titel für Journal and Remarks verwendet, den dritten Band von The Narrative of the Voyages of H.M. Ships Adventure and Beagle, das Buch, das Charles Darwin 1839 nach seiner Reise mit der HMS Beagle veröffentlichte und das ihn berühmt machte.
Titel der deutschen Erstausgabe: Charles Darwin's Naturwissenschaftliche Reisen nach den Inseln des grünen Vorgebirges, Südamerika, dem Feuerlande, den Falkland-Inseln, Chiloé-Inseln, Galápagos-Inseln, Otaheiti, Neuholland, Neuseeland, Van Diemen's Land, Keeling-Inseln, Mauritius, St. Helena, den Azoren. Deutsch und mit Anmerkungen von Ernst Dieffenbach. Fr. Vieweg und Sohn, Braunschweig 1844.
Die Fahrt der Beagle: Darwins illustrierte Reise um die Welt, erschienen 2016 bei Konrad Theiss, Stuttgart.

Zentimeter langem Hals, wohingegen er bei anderen eine Länge von bis zu einem Meter aufwies, zweifelsohne, weil sie Blätter in unterschiedlichen Höhen erreichen mussten, um auf den mehr oder weniger trockenen Inseln überleben zu können. Und doch gehören diese Schildkröten alle der gleichen Spezies an.

Wie Darwin sah auch ich Leguane. Auf dem südamerikanischen Kontinent sind sie Erdbewohner, auf Galápagos hingegen schwimmen und tauchen sie. Auch hier hatte Darwin verstanden, dass die trockene Umgebung sie dazu gezwungen hatte, schwimmen zu lernen. Dabei sind Leguane wechselwarme Tiere: Bleiben sie zu lange in einer Umgebung mit niedrigen Temperaturen, kühlen sie ab und verenden. Viele starben tatsächlich, als sie sich bei ihrer Ankunft zum Trinken ins Wasser stürzten. Danach lernten sie, rechtzeitig wieder herauszukommen und sich in der Sonne aufzuwärmen. Sie lernten auch, Meerwasser zu trinken und bildeten eine kleine Drüse über der Nase aus, durch die sie das Salz des Wassers wieder ausspucken. Darwin hatte das alles beobachtet, und ich beobachtete es nach ihm – ich bin sogar sicher, dass er einige der Schildkröten, auf die ich traf, die »Leittiere«, auch gesehen hatte, denn diese Tiere werden ungefähr zweihundert Jahre alt.

Im Laufe dieser Reise begriff ich etwas, das mir daraufhin für das gesamte »Genesis«-Projekt von Nutzen sein sollte: Ich entdeckte, dass man mir zeitlebens eine Lüge erzählt hatte, derzufolge wir die einzige mit Vernunft begabte Spezies seien. Jede Art verfügt über ihre ganz eigene Vernunft. Man muss sich nur die Zeit nehmen, die Vernunft der anderen Arten zu verstehen. Auf Galápagos kennen die meisten Tiere keine Angst, weil sie nie von Menschen gejagt wurden. Sie haben also keinen Grund, misstrauisch zu sein. Die Schildkröten hingegen haben nicht vergessen, dass sie im 18. und 19. Jahrhundert von den Besatzungen der Schiffe, die auf dem Weg in die Neue Welt oder auf dem Rückweg nach Europa auf dem Archipel haltmachten, gejagt wurden. Da Schildkröten mehrere Monate ohne Futter oder Wasser auskommen können, sicherten sich die Seefahrer eine Ladung Frischfleisch, indem sie die Tiere lebendig in den Schiffsbauch luden. Deshalb ist es auch zwei Jahrhunderte später noch immer schwer, sich den Schildkröten zu nähern. Es ist alles andere als Zufall, dass es einen ganzen Tag dauerte, bis mich das Tier, das ich fotografierten wollte, akzeptiert hatte. Die Fluchtversuche der Schildkröte waren nicht irrational, sondern im Gegenteil der Beweis für überaus kluge Vorsicht. Die Arten übertragen die Warnung vor ihren Feinden über mehrere Generationen in ihren Genen: Der einzige natürliche Feind dieser Schildkröten ist der Mensch; Falken und andere Raubvögel ergreifen und fressen Babyschildkröten, aber den erwachsenen Tieren droht keine Gefahr.

Auf ihre Art haben auch die Basstölpel ein viel ausgeklügelteres Verhalten entwickelt, als man glauben möchte. Auf der Insel Isabela gelangten wir zur Balzzeit an die Landspitze Punta Vicente Roca. Es war atemberaubend!

Ich blieb zwei, drei Tage mitten in der Kolonie und beobachtete diese Vögel. Das Weibchen sucht sich einen Partner aus. Vier, fünf Männchen bieten sich ihr an: Eines nach dem anderen präsentiert sich, spreizt die Flügel, tanzt. Hat sich das Weibchen entschieden, einem von ihnen zu folgen, fliegen sie gemeinsam davon, drehen eine Runde von zehn, fünfzehn Minuten und landen dann wieder. Ein weiteres Männchen kommt, zeigt sich, bietet sich als Partner an, das Weibchen fliegt mit ihm davon und so weiter. Dieses Spiel dauert etwa zwei Stunden, nach denen das Weibchen endgültig einen ihrer Verehrer auswählt. Er und kein anderer wird ihr Partner für diese Saison sein, und mit ihm, so hat es entschieden, wird es Junge bekommen.

Bei den Albatrossen findet der Liebesreigen zu einem anderen Zeitpunkt statt. Als ich bei ihnen ankam, nahmen die Jungen schon ihre letzten Flugstunden. Es sind schöne Vögel, die gut fliegen, aber schlecht landen und auch schlecht abheben. Sie brauchen eine Startbahn, sie rennen, rennen, rennen … und manchmal schaffen sie es nicht abzuheben. Das ist so etwas von komisch! Zu meiner großen Überraschung fand ich heraus, dass Albatrosse treu sind: Sie wählen eine Partnerin und bleiben ein Leben lang mit ihr zusammen. Eines Tages sah ich, wie ein Männchen vor einem Weibchen balzte. Es drehte und wand sich, breitete die Flügel aus, und daraufhin begann auch das Weibchen sich zu drehen. Sie berührten sich mit den Flügelspitzen, mit den Schnäbeln, doch plötzlich machte sich das Männchen aus dem Staub. Mein Führer erklärte mir: »Es hat festgestellt, dass es sich geirrt hat, das ist nicht seine Freundin!« Solch unvorstellbare Szenen sieht man, wenn man sich beim Beobachten der Tiere Zeit nimmt. Solche Zusammenhänge entdeckte ich, als ich auf den Galápagos-Inseln mit »Genesis« begann, und ich sollte Gelegenheit bekommen, sie im Laufe dieser Reportagen immer wieder zu erforschen. Soll mir noch einer sagen, Tiere seien hirnlose und unlogische Geschöpfe.

Ich machte diese Reportagen weder als Zoologe noch als Journalist, sondern für mich. Um den Planeten zu entdecken. Und sie bereiteten mir gewaltige Freude. Mit seinen Steinen, Pflanzen und Tieren ist unser Planet auf allen Ebenen lebendig. Mir wurde bewusst, dass uns diese Tatsache enormen Respekt abverlangt.

»Genesis« entstand infolge des Umweltprojekts, das Lélia Deluiz Wanick Salgado, meine Frau und Partnerin in allen Dingen des Lebens, und ich in Brasilien durchführen. Das auf den Namen »Instituto Terra« getaufte Projekt hat die Aufforstung der »mata atlantica« zum Ziel, des Atlantischen Regenwalds[2], dessen Zerstörung seit der Ankunft der Portugiesen im Jahr 1500 immer schneller voranschreitet. Die Gründe dafür waren die intensive Landwirtschaft, die Urbanisierung und schließlich die Industrialisierung. Heute sind nur noch sieben Prozent der ursprünglichen Fläche dieses Regenwalds erhalten. Auf dem Stück Erde, auf dem ich meine Kindheit verbrachte, begannen wir mit der Erneuerung des Ökosystems. Ein Fleckchen Erde, das meine Eltern uns in den 1990er-Jahren vererbten. Ein Fleckchen Erde, das durch die Abholzung unfruchtbar und hässlich geworden war, obwohl ich immer glaubte, im Paradies aufgewachsen zu sein …

2 In Brasilien gibt es zwei Arten von Urwäldern: den Atlantischen Regenwald, der dem Einfluss des Ozeans unterliegt, und den Tropischen Regenwald, der sich beidseits des Äquators befindet.

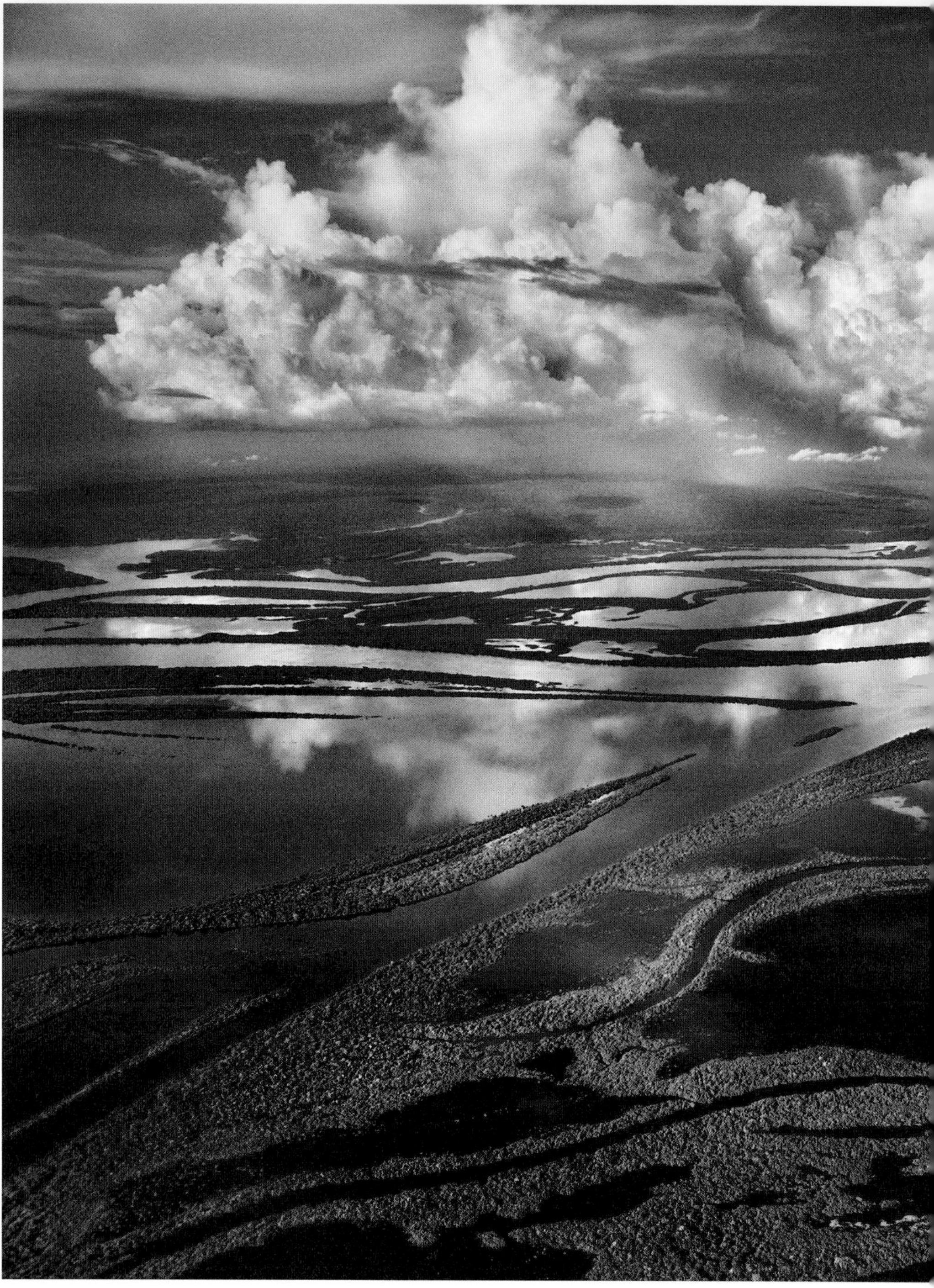

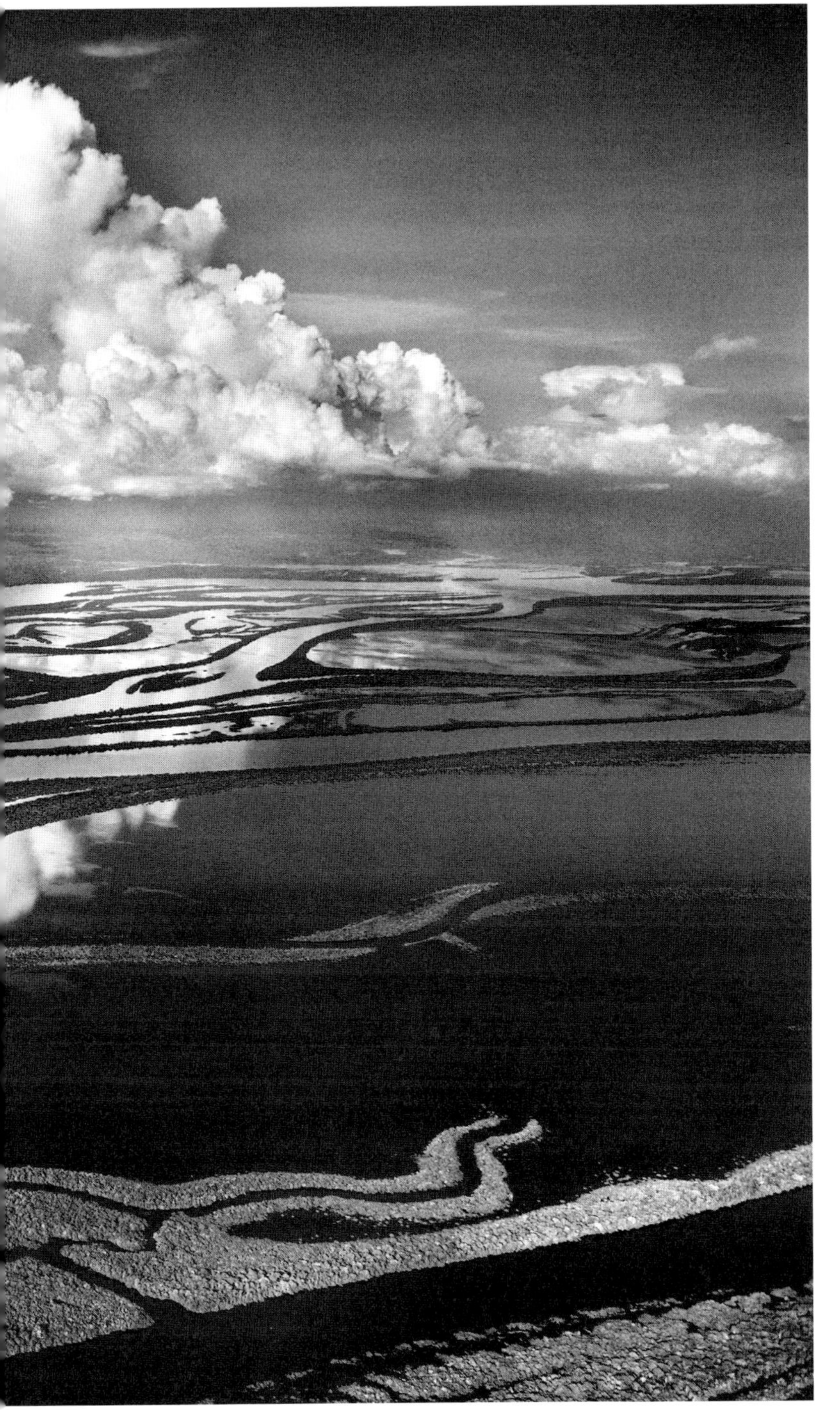

Anavilhanas-Archipel, bestehend aus über 350 dicht bewaldeten Inseln im Rio Negro. Staat Amazonas, Brasilien, 2009.

2

Heimaterde

Ich wurde 1944 im Bundesstaat Minas Gerais geboren, auf einer Farm in einem breiten Tal, das nach dem Fluss benannt ist, der es durchfließt – Rio Doce. Dieses Tal ist so groß wie Portugal und berühmt für seine Gold- und Eisenminen. In meiner Kindheit bedeckte der Atlantische Regenwald die Hälfte seiner Fläche. Doch das war, bevor Brasilien in großem Stil in die Marktwirtschaft einstieg, und man wie überall begann, den Wald zu zerstören.

Die Farm meines Vaters war groß und autark, etwa dreißig Familien lebten dort. Sie produzierten Reis, Mais, Tomaten, Süßkartoffeln, Kartoffeln, Obst, ein bisschen Milch, Schweine- und Rindfleisch. Es war eine gute Farm. Mein Vater war der Besitzer und er hatte Angestellte, von denen jeder eigenes Vieh besaß und ein Stück Land bestellte, um seine Familie zu ernähren. Ein Teil ihrer Erzeugnisse stand meinem Vater zu, der Rest gehörte ihnen. Keiner war reich, keiner war arm – eine Form der Landwirtschaft, die es in Brasilien seit dem 16. Jahrhundert gab.

Ich habe wunderbare Erinnerungen an meine Kindheit auf diesem Stück Land. Es gab viel Platz zum Spielen und überall Wasser. Ich schwamm in Bächen, die voller Kaimane waren: Im Gegensatz zu dem, was manche glauben, greifen Kaimane Menschen nicht an. Ich besaß ein Pferd, mit dem ich morgens losritt und erst abends zurückkam. Die Region ist hügelig, und ich galoppierte bis zum Ende des Farmlands, zu seinem höchsten Punkt, und schaute von dort ins Tal hinab. Ich träumte davon, weiter zu sehen, versuchte mir vorzustellen, was wohl hinter dem Horizont lag. Mit dem Rest von Brasilien waren wir über das Schienennetz der »Companhia Vale do Rio Doce«[1] verbunden. Manchmal verursachte die Regenzeit Erdrutsche, dann waren wir monatelang von der Welt abgeschnitten. Aber wir waren Selbstversorger, es fehlte uns an nichts. Meine Kindheit bleibt für mich eine wundervolle Zeit. Ich habe mir seit damals eine tiefe Liebe für dieses Stück Land bewahrt.

Meine Fotoprojekte, die ich oft über Jahre und an verschiedenen Orten der Erde verfolge, mögen umfangreich erscheinen. Manche meinen: Salgado ist größenwahnsinnig. Aber ich bin in einem riesigen Land geboren. Mit 8.515.770 Quadratkilometern Fläche ist Brasilien fünfzehnmal so groß wie Frankreich. Ich bin an die Weite und an das Reisen gewöhnt. Seit Langem habe ich die Angewohnheit, eine Nacht an einem Ort zu schlafen und die nächste an einem anderen. Als ich noch sehr jung war, gaben meine Eltern mir die Erlaubnis, meine älteren, bereits verheirateten Schwestern zu besuchen. Allein legte ich Distanzen zurück, die denen zwischen Paris und

1 Die Companhia Vale do Rio Doce (CVRD), heute Vale S.A., ist eines der drei größten Bergbauunternehmen der Welt und einer der größten Transportkonzerne Brasiliens.

Moskau oder Lissabon entsprechen. Dabei waren die Verkehrswege nicht einfach. So lernte ich früh zu reisen. Zudem brauchte man 45 Tage, um das Vieh meines Vaters zum Hunderte von Kilometern entfernten Schlachthof zu treiben, durch Farmen, Wälder und Flüsse.

Mein Vater legte diesen Weg mit ein paar Begleitern zu Fuß zurück. Er trieb 500 bis 600 Schweine mit einem kleinen Stock an, und das mehr als 50 Tage lang. Dabei hatten die Männer Zeit zu reden und die Landschaft zu betrachten. Diese Langsamkeit ist auch der Fotografie eigen. Denn auch wenn uns Flugzeug, Auto oder Zug schnell an den einen oder anderen Punkt auf dem Planeten bringen – ist man einmal vor Ort und mit dem Fotografieren beschäftigt, muss man sich Zeit lassen, sich an die Geschwindigkeit der Menschen, der Tiere, des Lebens anpassen. Auch wenn sich unsere Welt heute schnell, sehr schnell dreht – das Leben folgt nicht dem gleichen Rhythmus. Um Fotos zu machen, muss man das Leben achten.

Zwei- oder dreimal habe ich an diesen langen Herdenwanderungen teilgenommen, zu Pferd, hinter Tausenden von Rindern. Es gab keine Straßen, und wir machten etwa alle zwanzig Kilometer an den *estações* oder Stationen halt: Die Tiere können nicht länger laufen. Jeden Morgen brachen vier oder fünf Maulesel vor uns auf, beladen mit Küchenutensilien und Planen, die wir abends an Äste knüpften, um darunter unsere Küche zu errichten. Wir aßen etwas Leichtes zu Abend, mit Käse, den meine Mutter sehr gut zuzubereiten wusste, und etwas Kuchen. Wenn wir um vier Uhr morgens aufstanden, aßen wir *feijão tropeiro,* das traditionelle Gericht aus Bohnen und gepökeltem Fleisch, das sich auf Reisen gut hält. Das war die Hauptmahlzeit des Tages. Unterwegs pflückten wir uns dann Bananen, Orangen.

Mein Land ist sehr schön. Es gibt nicht so hohe, doch prächtige Berge. Wenn eine höhere Gewalt diese Welt erschaffen hat, hat sie mit dieser Landschaft ihr Werk vollendet, denn sie ist wirklich besonders und ganz anders als alles, was ich sonst gesehen habe! Sie ist einzigartig. Dort war es, wo ich lernte, das Licht, das mich mein ganzes Leben lang begleitete, zu sehen und zu lieben. In der Regenzeit, wenn sich die gewaltigen Güsse ankündigen, ist der Himmel voller Wolken. Ich bin mit Bildern von einem schweren Himmel, durch den das Licht bricht, geboren. Dieses Licht hat sich in meinen Bildern verewigt. Im Grunde lebte ich in meinen Bildern, bevor ich begann, selbst welche zu machen. Ich bin auch mit Gegenlicht aufgewachsen: Um meine helle Kinderhaut zu schützen, zog man mir oft einen Hut auf oder setzte mich unter einen Baum, denn damals hatten wir keine Sonnenschutzcreme. So sah ich meinen Vater immer im Gegenlicht der Sonne auf mich zukommen. Dieses Licht, diese Landschaft, das ist meine Geschichte. Und wenn ich heute von Frankreich, wo ich lebe, bis nach Amerika oder China reisen muss, scheint mir das weniger weit als der Weg von unserer Farm zum Schlachthof.

Mit 15 Jahren verließ ich Aimorés, die kleine Stadt mit damals 12.000 Einwohnern in der Nähe der Farm meines Vaters, wo ich zur Schule ging. Ich ging nach Vitória, in den Bundesstaat Espírito Santo, um die weiterführende Schule zu besuchen, und landete auf einem anderen Planeten. Ich kannte zum Beispiel kein Telefon. In meiner Heimatstadt gab es keins. Wir hörten nur Kurzwellenradio, solange es funktionierte, also nur außerhalb der Regenzeit. Wir konnten daher nicht einmal täglich die Nachrichten verfolgen.

Ich gehöre der ersten Generation an, die zum Studieren vom Land in die Stadt zog. Mein Vater war als Apotheker tätig, bevor er Farmer wurde, aber er hatte nie Pharmazie studiert. Zu Beginn der 1930er-Jahre war er in der Revolution aktiv gewesen. Nachdem seine Partei verloren hatte, war er mit meiner Mutter fortgegangen, und sie hatten sich mitten in Minas Gerais ein neues Leben aufgebaut. Bevor er seine Farm kaufte, hatte mein Vater ein Dutzend Maultiere erstanden und mit ihnen Transporte bewältigt, vor allem von Kaffee. Von den Plantagen bis zum Bahnhof von Aimorés trieb er die mit Säcken beladenen Maultiere zwölf Tage lang durch den Wald – schon damals immer diese Ortswechsel! Genau wie sein Vater, mein Großvater, ein Großhändler und Abenteurer, der es liebte, unbekannte Gegenden zu sehen. Er starb an Malaria, weit weg von zu Hause, eine zwei- oder dreimonatige Reise entfernt – zur damaligen Zeit jedenfalls. Seine Familie erfuhr erst zwei oder drei Jahre später von seinem Tod. Alle aus meiner Generation, die aus dem Inneren Brasiliens stammen, haben ähnliche Geschichten zu erzählen.

In Vitória teilte ich meine Wohnung mit fünf oder sechs jungen Leuten. Abwechselnd verwalteten wir einen Monat lang das gemeinschaftliche Budget. So lernte ich in ganz jungen Jahren, ein wenig mit Geld umzugehen. Ich musste einen Nebenjob finden, denn wenn auch mein Vater eine große Farm besaß, so investierte er doch einen erheblichen Teil seiner Erträge wieder in die Farm und hatte demnach nicht viel Geld. Ich arbeitete im Sekretariat der »Alliance française«[2], in der Finanzabteilung. Auch dort hatte ich es mit Zah-

2 Die Alliance française wurde 1883 in Paris gegründet, mit dem Ziel, die französische Sprache im Ausland zu verbreiten. Heute hat sie 800 Niederlassungen mit 1.071 Komitees in 133 Ländern.

len zu tun. Mein Vater träumte davon, dass ich Farmer würde wie er, oder Anwalt. Nach der weiterführenden Schule begann ich also mit dem Jurastudium. Ich mochte den geschichtlichen Teil, aber alles Übrige löste wenig Begeisterung bei mir aus.

Damals begann die Wirtschaft Brasiliens sich stark zu verändern. Ende der 1950er-Jahre tauchten die ersten Automobilfabriken auf. Juscelino Kubitschek, der brasilianische Präsident, der von 1956 bis 1961 im Amt war, war mit Sicherheit der dynamischste »Entwickler«, den das Land je gesehen hat. Er ließ Brasília bauen, die neue Hauptstadt, die am 21. April 1960 eingeweiht wurde. Mit ihm erwachte Brasilien aus seinem vierhundertjährigen Schlaf, und wir hatten den Eindruck, in einem neuen Land zu leben. Wie viele junge Menschen wollte ich an dieser Bewegung teilhaben. Das Rechtswesen schien mir veraltet, während die Wirtschaft in meinen Augen das Modernste überhaupt war. Damals wurden die SUDENE[3] und die LAFTA[4] gegründet. Wirtschaftsschulen öffneten ihre Türen, also wollte ich Wirtschaftswissenschaftler werden: Ich war bereit, mich in das Abenteuer der Moderne zu stürzen.

Bei der Alliance française verliebte ich mich als 20-Jähriger in Lélia, eine 17-jährige Studentin im fünften Studienjahr. Sie war in Vitória geboren und hatte zehn Jahre Klavierkonservatorium hinter sich. Mit 17 begann sie, als Lehrerin an der Grundschule zu arbeiten und daneben Klavierstunden zu geben. Sie war wunderschön. Inzwischen sind wir seit 45 Jahren verheiratet, und ich finde sie immer

3 Die Superintendência do Desenvolvimento do Nordeste wurde 1959 gegründet, um die Dürre im Nordwesten Brasiliens zu bekämpfen.

4 Die Lateinamerikanische Freihandelszone wurde 1960 mit dem Vertrag von Montevideo durch die Länder Argentinien, Brasilien, Chile, Mexiko, Paraguay und Uruguay ins Leben gerufen.

noch genauso schön. Seit unserer Begegnung teilen wir alles. Gemeinsam entdeckten wir die Politik für uns, als wir noch halbe Kinder waren.

Die Gruppe junger Leute, mit denen ich zusammen wohnte, verfolgte aufmerksam, wie sich die Lage im Land entwickelte. Wir beobachteten, wie die Leute vom Land in die Städte abwanderten: Die Industrie brauchte Arbeitskräfte, also zogen sie mit ihren Familien um. Wir merkten, wie soziale Ungerechtigkeiten entstanden; bis dahin hatte ich solche nicht wahrgenommen. Ich kam aus einer Welt, die abseits jedes marktwirtschaftlichen Systems funktionierte. Es gab weder Arm noch Reich. Wie auf der Farm meines Vaters hatte jeder einen Platz zum Wohnen, genug zu essen, genug anzuziehen und genug, um seine Familie zu ernähren. Mit der Industrie lernten die Menschen vom Land ein ganz anderes Leben kennen, das in der Stadt, und die meisten rutschten in die Armut ab. Ich fand Freunde, die sich bei den linken Parteien engagierten. Die kommunistische Partei war besonders aktiv. Manche von uns engagierten sich in Vereinen wie der Katholischen Studierenden Jugend[5]. Aus diesen linken christlichen Vereinigungen sind weit radikalere Parteien hervorgegangen, wie die Ação Popular, in die ich eintrat. Die Gruppe stand dem kubanischen Sozialismus nah und war sogar zum bewaffneten Kampf bereit.

Als ich an die Uni kam, bedeuteten Wirtschaftswissenschaften etwas ganz anderes als heute, wenn damit vor allem Betriebswirt-

5 Juventude Estudantil Católica /JEC; die katholische Studentenjugend entstand ab 1935, wendete sich ab 1950 sowohl an Schüler und Universitätsstudenten als auch an Gewerkschaftler und wurde 1966 von der Militärregierung verboten.

schaft gemeint ist. Betriebswirtschaftslehre war zwar Teil unseres Lehrplans, doch standen vor allem Volkswirtschaft, Makroökonomie und Staatsfinanzierung auf dem Programm. Makrokompatibilität interessierte mich sehr. Ich wollte an langfristigen Projekten arbeiten, an Wirtschaftsmodellen, bei denen man annimmt, eine echte wirtschaftliche Entwicklung bewirken zu können, wenn man ein paar Variablen beinflusst. Die Idee der Ersparnis in großem Maßstab interessierte mich, und ich wollte mein Studium mit einem Master an der Universität von São Paulo fortführen. Der Masterstudiengang war gerade erst eingerichtet worden, er war einzigartig in Brasilien und es gab nur zwanzig freie Plätze. Ich hatte das Glück, angenommen zu werden und ein Stipendium zu erhalten. Am 15. Dezember 1967 bekam ich mein Zwischenprüfungszeugnis, am 16. heirateten Lélia und ich und fuhren gleich danach nach São Paulo, wo ich ab Januar mit dem Masterstudium begann. Ich war 23, sie 20 Jahre alt. Unsere Professoren kamen zum Teil von amerikanischen Universitäten, und ich hatte sogar den brasilianischen Finanzminister und den Präsidenten der brasilianischen Zentralbank als Lehrer. Ziel dies Studiums war es, Führungskräfte auszubilden, um den gewaltigen Bedarf des Landes daran zu stillen. Ich hatte das Privileg, Teil dieser Gruppe zu sein.

Am 31. März 1964 wurde Präsident João Goulart[6] und mit ihm die II. Republik durch einen von Castelo Branco angeführten Staatsstreich gestürzt. Eine Militärregierung trat an seine Stelle und blieb

6 João Goulart war ab 1955 Vizepräsident unter Juscelino Kubitschek und unter Jânio Quadros. Nach Quadros' Rücktritt 1961 wurde er Präsident Brasiliens.

bis zur Wahl von Tancredo Neves[7] 1985 an der Macht. Die Militärs rechtfertigten ihren Staatsstreich, der einige Jahre nach der Angliederung Kubas an die UdSSR geschah, mit der angeblichen kommunistischen Bedrohung. In der Bevölkerung entstand eine gewaltige Protestbewegung gegen die Diktatur und deren Menschenrechtsverletzungen. Es gab auch großen Widerstand dagegen, dass sich die USA unter dem Vorwand, die Ordnung zu erhalten, mithilfe der CIA in Lateinamerika einmischte. Die Empörung war so groß, dass wir, Lélia und ich, uns noch weiter radikalisierten. Wir nahmen an allen Demonstrationen und an allen Aktionen des Widerstands gegen die Diktatur teil und waren gemeinsam mit unseren Kameraden fest entschlossen, unsere Ideen zu verteidigen. Das war sehr gefährlich. Unsere Gruppe entschied, dass die Jüngsten, zu denen wir gehörten, zur Ausbildung ins Ausland gehen sollten, während sie weiter von außen tätig werden würden, während die Reiferen in den Untergrund abtauchen sollten.

Kurz vor unserer Abreise im Sommer 1969, zwischen Mai und Juli, verlor Lélia ihre Mutter an den Krebs, ihr Vater kam bei einem Brand ums Leben. Ein großes Unglück für uns! Innerhalb von nur zwei Monaten wurde sie Waise, mit gerade einmal 20 Jahren. Im August verließen wir unser Land. Als wir an Bord des Schiffes gingen, wussten wir: Wenn man uns erwischt, wird man uns ins Gefängnis werfen und foltern. Ich erinnere mich an unsere Erleichterung, als wir den letzten Hafen verließen, als das Schiff sich endgültig von der brasilianischen Küste in Richtung Frankreich entfernte.

7 Neves starb noch vor Amtsantritt im Alter von 75 Jahren an den Folgen eines Magengeschwürs. Verfassungsgemäß trat Vizepräsident José Sarney seine Nachfolge an.

3

Nach Frankreich und nirgendwo anders hin

Nach Frankreich zu gehen war für Lélia und mich phänomenal! Die meisten Franzosen haben davon keine Ahnung, aber die Brasilianer lieben Frankreich. Seit Ende des 19. Jahrhunderts reisten alle unsere Intellektuellen dorthin, und die erste brasilianische Verfassung war von den republikanischen Grundsätzen Frankreichs inspiriert. Alle brasilianischen Städte über hunderttausend Einwohner hatten ihre »Alliance française« mit einem französischen Institutsleiter. Mit Beginn der Sekundarstufe begannen wir, gleichzeitig mit Latein, Französisch zu lernen. Englisch bekamen wir erst zwei Jahre später. In Vitória war ich, wie gesagt, als Sekretär bei der »Alliance française« tätig, unter der Leitung unserer lebenslangen Freunde Juju und Pierre Merigoux. Juju kommt aus Juiz de Fora (Minas Gerais) und Pierre aus Limoges. Unter der Glasscheibe auf meinem Schreibtisch lag ein aufgefalteter Stadtplan von Paris. Als ich in Frankreich ankam, wusste ich genau, wo der Boulevard Raspail, die Rue de Rivoli und die Place de la Bastille lagen. Bei der

Alliance française lernte ich auch Lélia kennen, die bereits perfekt Französisch sprach und schrieb.

Es lag für uns auf der Hand, nach Frankreich – die Heimat der Menschenrechte und der Demokratie – zu gehen. Es war der dritte Weg neben dem Kommunismus und den Vereinigten Staaten. Wir bewunderten die Kommunisten, auf die sich die Linke hauptsächlich berief, aber wir hatten Zweifel wegen ihres offensichtlichen Bestrebens, die Menschen in Unwissenheit zu halten und selbstständiges Denken zu verhindern.

Unser Vertrauen in die Amerikaner hingegen war null: Sie waren verantwortlich für die repressiven Maßnahmen, die uns erdrückten. Sie waren noch nie ein echtes Bündnis mit der Arbeiterklasse oder der Demokratie eingegangen. Sie hatten immer schon dazu beigetragen, den Platz derer zu sichern, die die größte Macht haben und die meisten Waffen. Frankreich war für uns das Land der demokratischen, aber auch der wirtschaftlichen Ideen – es gab dort damals exzellente Ökonomen. Offiziell ging ich dorthin, um Vorlesungen an der ENSAE zu besuchen, der École nationale de la statistique et de l'administration économique.[1]

Wir kamen im August 1969 nach Paris und fanden alles wundervoll: die nicht enden wollenden Tage, die früh beginnenden Morgenstunden. Aber der Herbst kam, das Licht nahm ab, und im Dezember waren Lélia und ich am Rande einer Depression. Wir hatten schreckliches Heimweh. Wir wussten, dass wir nicht nach Hause konnten, wir waren zu stark in der Protestbewegung verhaf-

1 Die 1942 gegründete ENSAE war und ist eine der prestigeträchtigsten Schulen Frankreichs auf dem Gebiet der Ökonomie, Statistik und Finanzen.

tet. Zu dieser Zeit waren wir noch sehr jung, und es war ziemlich hart für uns.

In Frankreich fasste Lélia jahrelang kein Klavier an. Jetzt spielt sie wieder, aber nur für uns. Der Tod ihrer Eltern und der Weggang aus unserem Land bedeuteten einen derartigen Bruch, einen solchen Schmerz, dass sie sich entschied, ein neues Leben zu beginnen. Als sie nach Paris kam, schrieb sie sich in der »École des Beaux-Arts«[2] ein, im Fach Architektur. Ich selbst strebte den Doktortitel an. Wir hatten kein Stipendium. Wir mieteten ein Zimmer in der Studentensiedlung und begannen, neben unserem Studium, zu arbeiten. Ich entlud Lastwagen bei der Kooperative der »Cité Universitaire«. Lélia arbeitete in der Bibliothek. Wir hatten ein wenig Geld mitgebracht, 2.000 Dollar, mit denen wir uns sofort einen Citroën 2CV kauften. Paris kannten wir, zumindest theoretisch, aus Büchern bereits seit Jahren, doch wir wollten den Rest des Landes erkunden. Wir fanden Frankreich überall sehr schön, das Elsass, die Pyrenäen, die ländlichen Gegenden ... Die Fläche von Brasilien ist fünfzehnmal so groß wie die von Frankreich, aber Frankreich ist fünfzehnmal vielfältiger als Brasilien. Nach und nach wurde Frankreich zu unserer Heimat. Wie Brasilien.

In Frankreich lernten wir, was Solidarität bedeutet, und wenn man das einmal erfahren hat, bleibt man. Wir traten mit Brasilianern in Kontakt, die auf der Flucht vor der Diktatur nach Frankreich kamen. Viele waren gefoltert worden. Die linken Organisationen

2 Heute École nationale supérieure des beaux-arts de Paris (kurz ENSBA Paris). Diese Hochschule der Schönen Künste ist die traditionsreichste und berühmteste unter den französischen Hochschulen für bildende Kunst.

schafften es, einige von ihnen über Argentinien und Uruguay aus dem Land zu schleusen, aber sie waren gebrochen, körperlich wie seelisch. Um Geld für diese Flüchtlinge zu sammeln, fuhren wir am Wochenende mit unserer Ente durch Frankreich. Samstags fuhren wir mit befreundeten brasilianischen Aktivisten nach Verdun oder Metz. Wir kochten brasilianisch, Lélia sang. Die CGT[3], die CFDT[4], die kommunistische Partei, die PSU[5], alle linken Bewegungen halfen uns, genauso wie die christlichen Bewegungen wie der CCFD[6] und die CIMADE[7]. Kurz gesagt fanden wir, die wir ohne jegliche Kontakte nach Paris gekommen waren, uns in einem engmaschigen solidarischen Netzwerk wieder. Dort herrschte ein echter Sinn fürs Teilen und für gegenseitige Hilfe – auf materieller wie auf moralischer Ebene. Wir litten an Heimweh, aber wir fühlten uns umsorgt und versuchten unsererseits, die Neuankömmlinge zu unterstützen. Es war auch die Zeit der Unterdrückung in Portugal. Wir fühlten uns mit der Protestbewegung gegen die Diktatur von Salazar[8] verbunden, vor allem, weil wir den Portugiesen als Brasilianer prinzipiell nahestanden. Aber wir waren ebenso solidarisch mit den Polen,

3 Die Confédération générale du travail ist ein 1895 gegründeter französischer Gewerkschaftsbund.

4 Die Confédération française démocratique du travail ist der größte Gewerkschaftsbund Frankreichs und existiert seit 1964.

5 Die Parti socialiste unifié bzw. Vereinigte Sozialistische Partei war eine linkssozialistische Partei, gegründet 1960, die die Idee eines demokratischen Sozialismus verfolgte und sich 1989 selbst auflöste.

6 Comité catholique contre la faim et pour le développement, Katholisches Komitee gegen Hunger und für Entwicklung, bekämpft seit 1901 durch Entwicklungsprojekte den Hunger in der Welt.

7 Service œcuménique d´entraide – Ökumenischer Dienst zur Unterstützung – ist eine französische NGO, die sich der Unterstützung von Migranten widmet.

8 António de Oliveira Salazar war von 1932 bis 1968 Ministerpräsident von Portugal sowie 1951 zeitweise Präsident. Er führte eine konservativ-autoritäre Diktatur mit faschistischen Zügen.

den Angolesen, den Guatemalteken, den Chilenen, mit allen Immigranten und Illegalen.

Wir haben heute Beweise dafür, dass wir bei unserer Ankunft in Frankreich ausspioniert wurden. Die brasilianischen Archive, die vor Kurzem geöffnet wurden, ließen uns Dokumente des SNI [9] zukommen. Wir fanden heraus, dass unser ganzes Leben damals ausgekundschaftet wurde. Leute, die wir als unsere Freunde angesehen hatten, die zu uns nach Hause gekommen waren, hatten uns denunziert. Unsere Wohnungseinrichtung wird beschrieben, bis dahin, dass an der und der Stelle ein Blumentopf steht … Alles ist festgehalten, sogar der Name des Leiters der Agentur Gamma [10], für die ich eine Zeit lang arbeitete, nachdem ich mich dem Fotografieren zugewandt hatte: Jean Monteux. Er hatte mir 1976 geholfen, als sich die brasilianische Regierung weigerte, meinen Reisepass zu verlängern. Jean hatte mich zum Konsulat begleitet, um meiner Forderung Nachdruck zu verleihen: Ich brauchte einen Reisepass, um meine Reportagen im Ausland machen zu können. In den Archiven fand sich der Nachweis eines Antrags des brasilianischen Geheimdienstes auf Ermittlungen gegen ihn, als wäre Gamma eine subversive Einrichtung, nur weil Jean mich unterstützte. Das ist Diktatur, der Dreck der Diktatur! Ich erhielt schließlich die französische Staatsbürgerschaft. Aber zur gleichen Zeit strengte ich mit einem Freund,

9 Serviço Nacional de Informações – ein brasilianischer Nachrichtendienst, unter der Regierung Castelo Branco 1964 gegründet

10 Gamma war neben Sygma und Sipa Press eine der Fotoagenturen, die Paris zum weltweiten Zentrum für Reportagefotografie machten.

dem brasilianischen Theaterregisseur Augusto Boal[11], der nach Portugal geflüchtet und in der gleichen Lage wie ich war, einen Prozess gegen das brasilianische Außenministerium an. Denn es ist verfassungswidrig, einem Staatsbürger den Reisepass zu verweigern. Wir gewannen und schufen damit einen Präzedenzfall! Nach uns nahmen sich alle mit ähnlichen Schwierigkeiten Anwälte und klagten gegen die brasilianische Regierung.

Es war eine Freude zu sehen, dass später all diejenigen, die einst verfolgt, geschlagen, gefoltert wurden, in Brasilien an die Macht kamen. Dass es am Ende die Linke war, die seit Fernando Henrique Cardoso[12], Lulas Vorgänger, für Erneuerung gesorgt hat. Dass unsere Kampfgenossen Minister geworden sind. Dass Lula[13], der in der Protestbewegung aktiv war und Brasilien nie verlassen hat, weil er Proletarier war, der verhaftet und verfolgt wurde, dass er der größte Präsident geworden ist, den Brasilien jemals hatte. Lula hat es geschafft, 35 Millionen Brasilianer, die unter der Armutsgrenze lebten, in die Mittelschicht zu integrieren. Das Gleiche gilt für Dilma Rousseff[14]. Auch sie wurde eingesperrt, geschlagen, gefoltert. Die Diktatur, die so viel Leid geschaffen hatte, fiel am Ende in sich zu-

11 Augusto Boal (1931–2009) war ein brasilianischer Regisseur, Theaterautor und Theatertheoretiker, dem es um eine Veränderung der Politik und sozialer Probleme durch Theater ging. Als bedeutender Theaterpädagoge wurde Boal für den Friedensnobelpreis vorgeschlagen.

12 Fernando Henrique Cardoso (*1931), Soziologe und Politiker, war von 1995 bis 2003 Präsident Brasiliens.

13 Luiz Inácio Lula da Silva (* 1945) war von 2003 bis 2011 Präsident Brasiliens. Lula ist Gründungsmitglied der brasilianischen Arbeiterpartei Partido dos Trabalhadores (PT). Er wurde 2017 in einem international umstrittenen Prozess wegen Korruption zu zwölf Jahren Haft verurteilt.

14 Dilma Rousseff (* 1947) ist Wirtschaftswissenschaftlerin. Sie gehört der gemäßigt linken Arbeiterpartei Partido dos Trabalhadores an und war als erste Frau von 2011 bis 2016 Präsidentin von Brasilien. Ihre zweite Amtszeit endete mit Amtsenthebung wegen mangelhafter Führung der Staatsfinanzen.

sammen. Ein politisches System ohne Zukunft, wie alle Diktaturen. Wenn man sich übrigens die Bilanz anschaut, so hat kein derartiges Regime, egal ob der Faschismus, der Nationalsozialismus oder der auf Abwege geratene Kommunismus der Sowjetunion, überlebt. Als gäbe es eine natürliche Ordnung. Etwas Größeres, das die Wirklichkeit zu Höherem bestimmt hat. Ein Beweis dafür, dass es, am Ende aller Modelle, doch Gerechtigkeit gibt.[15]

15 Inzwischen haben sich die politischen Verhältnisse in Brasilien geändert: Jair Messias Bolsonaro (* 1955) gewann durch Stichwahl am 28. Oktober 2018 mit 55,1 % der Stimmen die Präsidentschaftswahl und ist seit dem 1. Januar 2019 Staatspräsident von Brasilien. Bolsonaro übernahm das Amt von Michel Temer. Seit 2018 gehört Bolsonaro der Partido Social Liberal (PSL) an. Bolsonaro vertritt gesellschaftspolitisch rechtskonservative und neoliberale Positionen. Er erlangte vor allem mit frauenfeindlichen, schwulenfeindlichen, rassistischen und die brasilianische Militärdiktatur (1964–1985) verteidigenden Äußerungen Aufmerksamkeit. Präsident Bolsonaro kündigte bereits kurz nach seinem Amtsantritt an, dass er weitläufige Schutzgebiete des Regenwaldes und Reservate der indigenen Bevölkerung zur Abholzung und wirtschaftlichen Nutzung freigeben wird. Im Juni 2019 wurden ca. 920 Quadratkilometer Regenwald gerodet; beinahe doppelt so viel Fläche wie im Juni des Vorjahres.

4

Es machte klick!

In Paris schlossen wir dank unseres solidarischen Netzwerks viele Freundschaften. Im Frühjahr 1970 lieh uns die Familie Houssay ein Haus in Menthonnex-sous-Clermont, in der Nähe von Annecy, damit ich mich dort erholen konnte. Ich war erkrankt, meine Halslymphknoten waren riesig, und wir befürchteten eine Zeit lang, ich hätte Krebs, bevor die Ärzte die Diagnose stellten: Heuschnupfen. In der Tat erlebte ich meine erste Begegnung mit dem Frühling – in Brasilien gibt es diese Jahreszeit nicht. Wir nutzten unsere Zeit in Savoyen, um mit der Ente nach Genf zu fahren, wo es Fotoausrüstungen zu den europaweit günstigsten Preisen gab – Lélia brauchte eine Kamera für ihr Architekturstudium, um Gebäude fotografieren zu können.

Sie entschied sich für eine Pentax Spotmatic II mit einem 50-mm-Objektiv von Takumar, F 1.4. Wir hatten keine Ahnung vom Fotografieren, aber wir fanden es sofort fantastisch. Als wir wieder in Menthonnex waren, machten wir die ersten Bilder; ich vertiefte mich in die Bedienungsanleitung, und drei Tage später kehrten wir nach Genf zurück, um zwei neue Objektive zu kaufen, ein 24-Millimeter und ein 200-Millimeter. So kam die Fotografie in mein Leben. Wieder in Paris, richtete ich mir in der Studentensiedlung ein kleines Fotostudio ein.

Nach ein paar Monaten gab ich meine Arbeit als Lagerist bei der Kooperative auf und begann, für die Studenten Abzüge herzustellen, was mir etwas Geld einbrachte. Dann machte ich dank des brasilianischen Schriftstellers Jorge Amado [1] meine erste Reportage, als er gemeinsam mit dem portugiesischen Schriftsteller Ferreira de Castro den Preis der Académie française erhielt. Ich bekam ein paar Aufträge für kleine Reportagen. Nach und nach verfestigte sich der Gedanke, ich könnte Fotograf werden. Also begannen Lélia und ich davon zu träumen, einen VW Kombi zu kaufen, ein Fotolabor darin einzurichten und damit durch Afrika zu reisen. In der Zwischenzeit jedoch musste ich meine Doktorarbeit beenden.

Nach meinem Postgraduiertenstudium in Paris bekam ich 1971 eine tolle Stelle bei der Internationalen Kaffeeorganisation [2] in London und plante, dort meine Abschlussarbeit zu schreiben. Am Ende habe ich sie nie abgegeben, obwohl ich versuchte, vernünftig zu sein. Immer wieder sagte ich mir: »Du musst ein ernsthafter Ökonom werden, du hast so viel dafür gearbeitet, während die Fotografie ...« Ich wurde ein international tätiger Funktionär und begann

1 Jorge Leal Amado de Faria (1912 – 2001) ist Autor von mehr als dreißig Romanen, darunter Capitaẽs da Areia, 1937, Herren des Strandes (Rowohlt, rororo, Hamburg, 1963).

2 International Coffee Organization, ICO. Die 1962 gegründete ICO ist die wichtigste internationale Organisation im Kaffeehandel: 77 Staaten gehören ihr an, darunter 45 Kaffee-Exporteure und 32 Importländer, u. a. die Schweiz, Österreich und Deutschland.

plötzlich sehr gut zu verdienen. Lélia und ich kauften einen Sportwagen, einen wundervollen Triumph, und mieteten eine schöne Wohnung am Hyde Park. Dennoch behielt Lélia ihr Zimmer in der Studentensiedlung in Paris, wo sie ihr Studium fortsetzte. Nach meinen Dienstreisen durch Afrika trafen wir uns jeweils in London wieder. Ich war damals sehr viel unterwegs.

Mein Auftrag bestand darin, mit der Weltbank und der FAO[3] in Afrika Entwicklungsprojekte auszuarbeiten und zu finanzieren. Ich war in erster Linie verantwortlich für Ruanda, Burundi sowie den Kongo und in zweiter Linie für Uganda und Kenia. Wir waren an der Einführung der Teekulturen in Ruanda beteiligt. Das Ziel dabei war es, in diesem Kaffeeland für landwirtschaftliche Vielfalt zu sorgen. Die internationale Kaffeeorganisation hatte einen Investmentfonds gegründet, in den jedes Produktions- und jedes Verbraucherland einen Dollar pro verkauftem oder konsumiertem Sack Kaffee einzahlen musste. Das Geld wurde für die Forschung verwendet, und um die Kaffeeproduktion zu steuern und dadurch zu verhindern, dass das Angebot die Nachfrage überstieg und der Kurs einbrach.

Ich erinnere mich an meine erste Reise nach Afrika im Jahr 1971. Ich machte eine 50-tägige Rundreise durch Burundi und Ruanda in einem Käfer – zu der Zeit waren die Straßen in Ruanda noch nicht geteert – zusammen mit Joseph Munyankindi, dem Leiter des ruan-

3 Ernährungs- und Landwirtschaftsorganisation der Vereinten Nationen, im deutschen Sprachraum auch als Welternährungsorganisation bezeichnet. Die FAO ist eine Sonderorganisation der Vereinten Nationen mit der Aufgabe, die Produktion und die Verteilung von landwirtschaftlichen Produkten und Nahrungsmitteln weltweit zu verbessern, um die Ernährung sicherzustellen und den Lebensstandard zu heben.

dischen Büros für Industriekultur, der mein Freund werden sollte. Gemeinsam mit den Mitarbeitern der Weltbank und der FAO kundschafteten wir die Orte aus, die sich in der Region Kivu für große Teeplantagen eigneten. Diese Region besitzt besonders fruchtbare Erde und die richtige Höhenlage. In ihr legten wir die erste Tee-Produktionsstätte dieses großen Kaffeelandes an. Ich hatte eine Ertragsanalyse für dreißig Jahre erstellt, für ein Projekt der Makroökonomie, das Arbeitsplätze für 32.000 Familien schaffen sollte, die auf ihrem eigenen kleinen Stück Land Tee anbauen sollten. Als ich 1991 für mein Fotoprojekt »La main de l'homme« [4] (Arbeiter) dorthin zurückkehrte, waren es prächtige Plantagen geworden. Damals produzierte Ruanda den besten Tee der Welt. Es war nicht die größte Produktion, aber die beste, mit einem sehr gefragten Aroma, das die großen Produktionen aus Asien mit ihren Duftnoten verfeinerte. An der Londoner Börse war dieser Tee am höchsten notiert.

Dank meiner Tätigkeit als Ökonom entdeckte ich Afrika. Auf diesem Kontinent fand ich mein Paradies wieder.

4 »La main de l'homme«, Paris, Éditions de La Martinière, 1993; Katalog der gleichnamigen Ausstellung im Palais de Tokyo, Paris

5

Afrika, mein zweites Brasilien

Ruanda zu entdecken war, als würde ich mein eigenes Land wiedersehen. Afrika ist Brasiliens andere Hälfte: Betrachtet man die Weltkarte, lässt sich gut erkennen, dass Afrika, Lateinamerika und die Antarktis ursprünglich ein Ganzes bildeten, bevor sie vor 150 Millionen Jahren auseinanderdrifteten. Trotz dieser Trennung der Kontinente findet man in Afrika die gleiche Vegetation, die gleichen Mineralien wie in Südamerika. In kultureller Hinsicht haben die Sklaven aus Mosambik, Guinea, Angola, Benin und Nigeria, die von den Portugiesen nach Brasilien gebracht wurden, tiefe Spuren in der Gesellschaft hinterlassen. Teile der Geschichte und Gebräuche dieser Völker sind in die brasilianische Kultur eingeflossen. Deshalb hat Afrika eine so große Bedeutung für uns. Schon als Kind träumte ich davon, dorthin zu reisen.

Als ich nach Ruanda kam, fühlte ich mich sofort heimisch: Unsere Lebensweisen sind ähnlich – wie wir uns unterhalten, ernähren und amüsieren. Im Laufe meines Lebens bin ich so oft nach Afrika gereist wie irgend möglich. Meine Geschichte ist daher eng mit diesem Kontinent verbunden.

Im Laufe meiner Reisen nach Ruanda, Burundi, Zaire, Kenia und Uganda stellte ich fest, dass meine Fotos mich viel glücklicher machten als die Berichte, die ich nach meiner Heimkehr schrieb. Ich verfasste sie mit großer Sorgfalt, und diese Arbeit war unbestreitbar faszinierend. Doch das Fotografieren … Ich erinnere mich, dass Lélia und ich in London an einem Sonntag ein Boot mieteten und damit in die Mitte des Serpentine Lake im Hyde Park fuhren. Wir legten uns in das Boot und unterhielten uns stundenlang über meinen Wunsch, den Wirtschaftssektor zugunsten der Fotografie aufzugeben. Ich hörte nicht auf mich zu fragen: Soll ich es tun? Bis mein Wunsch eines Tages übermächtig wurde. Ich entschied: Ich höre mit der Wirtschaft auf! Es war das Jahr 1973, ich war 29 Jahre alt und entschied mich, in Übereinkunft mit Lélia, meine vielversprechende Karriere aufzugeben, um unabhängiger Fotograf zu werden.

Vorbei war es mit dem dicken Gehalt, der schönen Wohnung, dem Sportwagen. Wir kehrten nach Paris zurück und nahmen uns ein kleines Zimmer unter dem Dach, das tagsüber als Fotolabor und nachts als Schlafzimmer diente. Lélia bereitete sich zu dieser Zeit auf einen Master in Stadtentwicklung vor und spielte Feuerwehr für verschiedene Architekturbüros, um unseren Lebensunterhalt zu verdienen. Das bedeutete, dass sie vor dringenden Terminabgaben als Verstärkung engagiert wurde. Das war jedes Mal sehr aufreibend: Sie arbeitete unzählige Stunden. Gleichzeitig war sie an der Entstehung eines kleinen brasilianischen Magazins in Paris beteiligt. Sie lernte dort Satz, Bildbearbeitung, Redigieren – alles, was uns bei der Veröffentlichung unserer Bücher später so nützlich sein sollte. Unsere gesamten Ersparnisse investierten wir in die Fotoausrüstung. Wir hatten ein Ziel, und dafür war alles erlaubt. Ich erinnere mich, dass wir keine Dusche hatten, aber viele Freunde, also wuschen wir uns bei ihnen!

Im gleichen Jahr gingen wir auf Reportagereise ... nach Afrika, natürlich! Lélia war mit unserem ersten Sohn, Juliano, schwanger, doch wir zogen trotzdem gemeinsam durch den Niger. Es war Sommer, die Hitze war unerträglich, aber wir konnten Afrika spüren und liebten unseren Aufenthalt dort. Wir waren mit dem CCFD gekommen – unsere Freunde Choly und Marcos Guerra, sie Argentinierin und er Brasilianer, waren dessen Vertreter im Niger – sowie mit der CIMADE, um die damals herrschende Hungersnot zu fotografieren. Wir fuhren in die Gegenden, wo die beiden Organisationen Programme zur Dürrebekämpfung durchführten. Wir reisten in Lastwagen und Flugzeugen, die Nahrung transportieren. Es war hart, wir wurden Zeugen von nur schwer verkraftbaren Szenen. Zugleich war es faszinierend, und wir hatten das Gefühl, dass unsere Bilder nützlich sein würden. Wir waren zwei Fotografen: Unser Freund Antonio Luiz Mendes Soares, ein weiterer junger Brasilianer, war für die Farbfotos zuständig, ich für Schwarz-Weiß.

Nach unserer Rückkehr aus dem Niger ließen wir uns in Enghien-les-Bains nieder, im schönen Haus der Familie Bassé, enge Freunde, die uns auch das nötige Geld für unsere Reportage im Niger geliehen hatten. Bei ihnen konnten wir die Filme entwickeln und Abzüge machen. Dann wurde ich krank. Am Ende der Reise, nachdem ich wochenlang nur Maniok gegessen hatte, hatte ich nicht widerstehen können und mir auf dem Markt von Agadez ein Stück Fleisch gekauft. Es musste verdorben gewesen sein: Ich hatte mir Toxoplasmose zugezogen. Dank des sechsten Sinns einer Schwangeren hatte Lélia das Fleisch glücklicherweise nicht angerührt. Also war sie es, die die Zeitschriften abklapperte und die Fotos verkaufte – damals stand sie auch im Labor, entwickelte Filme, machte Abzüge; kurz, sie nahm an allem teil. Eines meiner Bilder gefiel dem CCFD sehr. Man sieht darauf eine Frau, die einen Topf auf dem Kopf trägt, im Gegenlicht neben einem Baum *(siehe Seite 8)*. Das CCFD entschied, es als Poster drucken zu lassen und seine Kampagne »La terre est à tous«[1] damit zu bebildern. So hing mein Foto schließlich in allen Kirchen Frankreichs, in allen Pfarrhäusern und in vielen Räumen der CFDT. Ich wusste nicht, wie viel ich verlangen sollte. Das CCFD half mir, einen Preis festzulegen, und ich bekam eine für die damalige Zeit gewaltige Summe, genug, um eine kleine Wohnung kaufen zu können. Aber Lélia und ich wollten das Geld lieber in unsere Ausrüstung stecken. Ich kaufte alle Leicas[2], die ich brauchte, eine doppelseitige Trockenpresse und einen professionellen Vergrößerer, den wir bis heute benutzen.

Ich behaupte nicht, Spezialist für Afrika zu sein, aber ich fotografiere es gern. Als ich von 1975 bis 1979 für die Agentur Gamma arbeitete, meldete ich mich freiwillig bei jeder Gelegenheit zu einer Afrikareise. Die langen Geschichten interessieren mich mehr als einzelne Ereignisse. Damals verdiente man gut mit Fotos von Ministerräten oder Porträtaufnahmen von Starletts. Meine Nische brachte

1 Deutsch: Die Erde gehört allen

2 Deutsche Modelle, Kleinbildformat, die Rolls-Royce unter den Kameras

nicht viel ein: Ich fotografierte Geschichten, deren Bilder nur einmal veröffentlicht wurden, weil sie gerade aktuell waren, und dann in den Archiven verstaubten. Dennoch trug meine Arbeit dazu bei, unsere kleine Familie zu ernähren, und sie erfüllte mich. Mit der Zeit zahlte sie sich für mich aus: Weil ich in dreißig Jahren etwa vierzig Reportagen über Afrika gemacht hatte, konnte ich 2007 mein Buch »Africa«[3] herausgeben. Und ich könnte ein zweites veröffentlichen, so viele Bilder habe ich von diesem Kontinent aufgenommen. Ich fühle mich sehr privilegiert, dass ich im Laufe der Jahre so oft habe dorthin reisen können. Letztendlich sind es diese ganzen Reisen, die meiner Arbeit ihren Zusammenhang gaben, die Gelegenheiten zum Sehen und Lernen waren, und die es mir erlaubten, durch meine Fotos die Entwicklung der verschiedenen Länder zu zeigen.

Seit ich die Fotografie für mich entdeckt habe, habe ich nicht mehr aufgehört Bilder zu schießen, und ich empfinde jedes Mal große Freude dabei. Meine Ausbildung in Wirtschaftswissenschaften dagegen hat mir ermöglicht, diese Freude am Augenblick in langfristige Projekte umzuwandeln.

3 Sebastião Salgado, Africa, mit Texten von Mia Couto. Taschen, Köln 2007

6

Junger Aktivist, junger Fotograf

Als ich mit dem Fotografieren begann, probierte ich alles aus: Akt, Sport, Porträt. Eines Tages, ohne zu wissen warum und wie, fand ich mich im Bereich der Sozialdokumentation wieder. Das geschah eigentlich wie selbstverständlich. Ich war zu Beginn der großen Industrialisierung Brasiliens Teil der Jugend gewesen, die die soziale Frage sehr beschäftigte.

Gleich nach unserer Ankunft in Frankreich, als ich noch Student der Wirtschaftswissenschaften war, wollten Lélia und ich in die Sowjetunion reisen, um unsere linke Bildung zu vervollkommnen. Im Jahr 1970 fuhren wir mit der Ente nach Prag, um einen Freund von Lélias Onkel zu besuchen – ihr Onkel war einer der Gründer der kommunistischen Partei Brasiliens. Dieser Freund war Mitglied des in die Tschechoslowakei geflüchteten Zentralkomitees der kommunistischen Partei Brasiliens. In Prag sagte er zu uns: »Vergesst die Sowjetunion. Hier ist es vorbei, die Bürokratie hat dem

Volk die Macht entrissen. Wenn ihr euch engagieren wollt, tut das in Frankreich, mit den Immigranten.« Was für ein Schlag! Der Anblick dieses Mannes, der das System von innen erlebte und seinen Glauben in den internationalen Kommunismus, aus dem er die Hoffnung auf ein besseres Brasilien geschöpft hatte, verloren hatte, bedrückte uns, obwohl wir keine Mitglieder der kommunistischen Partei waren.

Also beschlossen wir, nach Leipzig zu fahren, wo zur selben Zeit eine große Messe aller sozialistischen Länder stattfand. Als wir Prag verließen, fuhren wir durch Schnee, und entdeckten bei dieser Gelegenheit, wie sehr das dem Fahren durch brasilianischen Schlamm ähnelt. In Leipzig war die gesamte Produktion der kommunistischen Welt ausgestellt. Anschließend wollten wir nach Prag zurück. Doch an der Grenze wurde uns untersagt, ein zweites Mal in die Tschechoslowakei einzureisen. Wir saßen zwischen zwei kommunistischen Ländern fest. Die deutschen Behörden gaben uns ein Visum, um nach Leipzig zurückzukehren, aber der Schnee blockierte uns über Tage. Schließlich erreichten wir Karl-Marx-Stadt [1], nicht weit von der Grenze zum Westen entfernt, und machten uns auf die Suche nach einem Hotel. Dabei begegneten wir einem Polizisten; zwei Minuten später richtete eine Reihe narbenübersäter Kerle mit schrecklichem Aussehen ihre Maschinengewehre auf uns. Sie fragten uns, was wir seit nun fast einer Woche im sozialistischen Deutschland täten. Das Verhör zog sich hin. Zum Glück fand Lélia in ihrer Tasche eine Hotelrechnung, die bewies, dass wir in Leipzig

1 Das sächsische Karl-Marx-Stadt heißt seit 1990 wieder Chemnitz.

gewesen waren. Nachdem sie sie überprüft hatten, erteilten uns die Polizisten den Befehl, das Land vor sechs Uhr morgens und vor der Wachablösung in Berlin zu verlassen, denn danach, wer wisse das schon, würden uns die neuen Wachposten vielleicht nicht ausreisen lassen … Wir hatten kein Benzin mehr, also gaben sie uns kostenlos einen ihrer Kanister und halfen uns, so schnell wie möglich die Grenze zu erreichen. Dort unterzogen uns die Grenzbeamten einer Totaldurchsuchung, sie kontrollierten sogar den Unterboden mit Spiegeln. Schließlich konnten wir in den Westen zurück. Doch hatten wir zu spüren bekommen, was Kommunismus wirklich bedeutete. Uns wurde klar, dass das System, das wir ein wenig idealisiert hatten, frei von Feinfühligkeit und Nachsicht war, genauso wie unser Freund in Prag uns gesagt hatte und was wir ihm nicht wirklich glauben wollten.

Wenn mich jemand fragt, wie ich zur Sozialdokumentarischen Fotografie gekommen bin, antworte ich: Es war wie eine Verlängerung meines politischen Engagements und meiner Herkunft. Wir lebten umgeben von Flüchtlingen, die wie wir vor den Diktaturen in Südamerika, aber auch aus Polen, Portugal, Angola und anderen Ländern geflohen waren. Also war es ganz natürlich, dass ich begann, Emigranten zu fotografieren, Illegale. Zuerst in Frankreich, dann in verschiedenen europäischen Ländern. Ich habe bereits erwähnt, dass meine Liebe für Afrika mich dazu antrieb, diesem Kontinent meine erste große Reportage zu widmen, und es waren nicht seine Landschaften oder seine Gebräuche, die ich anfangs zeigen wollte, sondern die Hungersnot. So begann ich, mit dem CCFD und der CIMADE zu arbeiten.

Obwohl wir selbst nicht gläubig waren, standen Lélia und ich von unserem Empfinden her dem sozialen Christentum nahe. Ich veröffentlichte meine ersten Reportagen in »Christiane« [2] und »La Vie« [3]. Damals nannte man die christliche Presse »die kleine Presse«, und doch war sie bedeutender als die »große«. »La Vie« hatte eine Wochenauflage von 500.000 Exemplaren; »SOS«, das Monatsmagazin des katholischen Hilfswerks Secours catholique [4], für das ich auch oft tätig war, über eine Million. Ebenso war ich für die Zeitschrift »Croissance des jeunes nations« [5] tätig, auch bei Bayard Presse [6], und veröffentlichte zahlreiche Fotos in Zeitschriften der Verlagsgruppe Fleurus [7]. All diese Zeitungen hatten eine riesige Auflage, weil es ein christlich-aktivistisches Frankreich gab. Das war meine Welt: Die Christen engagierten sich für die Flüchtlinge und Entwicklungsländer – nun, ich stammte selbst aus einem Entwicklungsland. Indem ich Fotograf wurde, wollte ich diese ausgebeutete Welt zeigen. In Würde. Im Laufe der Jahre arbeitete ich auch oft mit UNICEF [8], MSF [9], dem Roten Kreuz, UNHCR [10] usw. zusammen. Seitdem stehe ich der Welt der humanitären Hilfe nahe.

2 Von der JECF/ christlichen Studentinnen gegründete französische Monatszeitschrift (1946–1983)

3 Französische katholische Wochenzeitschrift seit 1924, vormals La Vie catholique.

4 Der Secours catholique wurde 1946 in Paris als ein weltweit tätiges Hilfswerk der französischen römisch-katholischen Kirche gegründet, siehe dazu: www.secours-catholique.org

5 Publiziert seit 1961; erscheint seit 2002 unter dem Namen »Alternatives Internationales«

6 Bayard Presse, gegründet 1870, ist eines der ältesten Presse- und Verlagsunternehmen Frankreichs.

7 Die Éditions Fleurus wurden 1946 gegründet.

8 Kinderhilfswerk der Vereinten Nationen

9 Médecins Sans Frontières/ Ärzte ohne Grenzen

10 Hochkommissariat der Vereinten Nationen für den Schutz von Flüchtlingen und Staatenlosen, gegründet 1950 in Genf

Als ich für die Internationale Kaffeeorganisation tätig war, musste ich mit ansehen, wie Arbeiter täglich zwölf Stunden in großer Hitze auf den Plantagen arbeiteten, barfuß. Sie hatten keine Sozialversicherung. Der Lohn, den sie bekamen, reichte nicht aus, um anständig zu wohnen, sich medizinisch versorgen zu lassen und ihre Kinder zur Schule zu schicken. Sie arbeiteten genauso viel wie oder gar mehr als die europäischen Arbeiter, aber ihr Ertrag wurde zu Negativpreisen exportiert. Es war, als ob sie uns dafür bezahlten, dass wir ihren Kaffee tranken, und ihre Gesundheit, ihren Lebensstandard und ihre Grundbedürfnisse legten sie als Bonus obendrauf. Ich empfand das als gewaltige Ungerechtigkeit. Lélia und ich stellten fest, dass die Welt in zwei Hälften geteilt ist: Auf der einen Seite liegt die Freiheit derer, die alles haben, und auf der anderen Seite die Entbehrungen derer, die nichts haben. Die würdevolle aber ausgebeutete Welt wollte ich durch meine Fotos einer europäischen Gesellschaft zeigen, die wach genug war, einen solchen Aufruf zu hören.

Während meiner Ausbildung studierte ich vor allem Volkswirtschaft, also Soziologie in Zahlen. Wir lernten auch etwas über Geschichte und verschiedene Wirtschaftstheorien, was uns letzten Endes zur Philosophie und Ideengeschichte führte. An der ENSAE wurde auch Wirtschaftsmathematik gelehrt. In der Studiengruppe über den Marxismus, der Lélia und ich angehörten, hörten wir Vorlesungen zur Geopolitik bei Professor Anouar Abdel Malek[11] von der Universität Kairo, der damals ebenfalls nach Paris geflüchtet

11 Anouar Abdel Malek (1924–2012), koptischer Philosoph und Politikwissenschaftler, später Leiter der nationalen französischen Forschungsorganisation CNRS

war. Kurz gesagt, ich hatte eine umfassende Ausbildung erhalten. Wenn ich also zum ersten Mal in ein Land kam, konnte ich die Lage einschätzen und wusste, in welchen Kontext ich meine Fotos einbetten musste. Ich konnte meine Bilder immer in Bezug zu einer historischen oder soziologischen Vision setzen. Was Schriftsteller mit ihrer Feder darstellen, bringe ich mit meinen Kameras zum Ausdruck. Fotografieren ist für mich Beschreiben. Es ist eine Leidenschaft, denn ich liebe das Licht, aber es ist auch eine Sprache, eine sehr machtvolle Sprache. Als ich mit dem Fotografieren begann, gab es für mich kein Halten. Ich wollte überall dort sein, wohin mich meine Neugier trieb, wo mich die Schönheit berührte. Aber auch überall dort, wo soziale Ungerechtigkeit sichtbar war, um genauer von ihr zu erzählen.

Damals wurde ich in die bedeutendste Schule für Fotojournalismus aufgenommen: die Agentur Gamma. Ich blieb dort von 1975 bis 1979, nachdem ich ein Jahr bei Sygma[12] gewesen war. Bei Gamma herrschte ein wunderbares Miteinander. Die meisten Fotografen waren erst seit Kurzem dabei; eine andere Gruppe bestand aus Leuten mit mehr Erfahrung, nicht unbedingt viel älter, aber im Gegensatz zu mir waren sie seit Langem Fotografen: Raymond Depardon, Marie-Laure de Decker, Hugues Vassal und Floris de Bonneville, ein toller Chefredakteur. Sie waren nicht so in der Linken verankert wie ich, aber hatten die richtige Vision von der Welt. Sie wussten, wohin man ging und wohin man gehen musste. Es war ein großes

12 Die 1973 gegründete »Agence Presse Sygma« gehörte lange Jahre zu den weltweit führenden Fotoagenturen, mit Büros in Paris, London und New York und weltweit 500 Fotografen unter Vertrag. Sie ging 2011 bankrott.

Vergnügen mit Floris zu arbeiten, er brachte mir die Grundlagen des Berufs bei. Wir kamen morgens in die Agentur, wo immer das Radio lief, wir empfingen die Telexe der AFP[13], der Associated Press[14], von Reuters[15] … Mit den eingehenden Nachrichten entstanden Geschichten. Zum Beispiel in Bangladesch. So hatten wir mittags bereits den Entwurf für eine Reportage. Um 16 Uhr rief Floris mir zu: »Sebastião, bist du dabei?« Ich lief nach Hause, um meinen Koffer zu packen, und um 22 Uhr stieg ich in ein Flugzeug nach Dhaka. In der Zwischenzeit hatte Gamma von verschiedenen Magazinen die Zusage für die Veröffentlichung erhalten. Also durfte nichts schiefgehen.

Vor der Abreise vertraute mir Floris ein Pressedossier an. Dank meines Universitätsstudiums war ich fähig, die Lage rasch zu analysieren und zu wissen, wo im Land ich anfangen musste. Wenn ich für »Paris Match«, die »Times«, den »Stern« oder die »Newsweek« arbeitete, kam es vor, dass es vor Ort eine Kontaktperson oder ein Büro gab. Doch immer sorgte ich dafür, dass ich direkt nach der Ankunft andere Fotografen und Journalisten traf. Ich befragte so viele Leute wie möglich. Damals waren die Dinge einfacher: Im Grunde war die Welt in zwei Blöcke unterteilt. Um die Situation einzuschätzen, galt es zunächst, sie zwischen der Sowjetunion und den Vereinigten Staaten geopolitisch einzuordnen – wobei die Franzosen im-

13 »Agence France Presse«, gegründet 1835 in Paris, ist die älteste internationale Nachrichtenagentur.

14 »Associated Press« ist eine New Yorker Nachrichten- und Presseagentur, die 1848 gegründet wurde.

15 »Reuters«, gegründet 1849 in Aachen vom Bankkaufmann Julius Freiherr von Reuter, war eine internationale Nachrichtenagentur mit Hauptsitz in London und zuletzt die weltweit größte ihrer Art. 2008 ging sie in Thomson Reuters auf.

mer einen kleinen eigenen Block formten. Dann begann ich mit der Arbeit. Abends fuhr ich zum Flughafen und vertraute meine Filme Passagieren an. Ich fand immer jemanden, der dazu bereit war, nie ging ein Film verloren. Ich informierte Gamma per Telex und beschrieb meine Fotos sowie die Passagiere, die sie transportierten, um dem Motorradkurier, der für die Übergabe an der Tür des Flugzeugs wartete, die Sache zu erleichtern. Sobald die Fotos bei Gamma eintrafen, wurden sie entwickelt und am selben Tag an die Zeitschriften versandt.

Geschah dann an einem anderen Ort auf der Welt etwas Wichtiges, reiste ich direkt weiter: Vom Kongo aus flog ich zum Beispiel in den Sudan oder nach Ägypten, bevor ich nach Paris zurückkehrte. Für alle, die das Glück hatten, dort Fotograf zu sein, war Gamma eine richtige Schule. Ich schulde Floris viel. Außerdem hatte mir, wie gesagt, mein Studium fantastische Werkzeuge für diese Arbeit verliehen sowie den Drang, den Dingen auf den Grund zu gehen. Im Laufe der Zeit lernte ich einige Länder gut kennen, verstand, wie die Dinge liefen und erkannte die wachsenden Probleme unserer sich verändernden Welt.

7

Fotografie: meine Art zu leben

Manche behaupten, ich sei Fotojournalist. Das ist nicht wahr. Andere, ich sei Aktivist. Das ist auch nicht wahr. Wahr ist nur, dass die Fotografie mein Leben ist. Alle meine Fotos haben mit Augenblicken zu tun, die ich intensiv erlebt habe. Alle diese Bilder existieren, weil das Leben, mein Leben, mich dazu veranlasste, sie zu machen. Weil mich ein innerer Drang an den jeweiligen Ort führte. Manchmal leiteten mich meine Überzeugungen, manchmal nur die Neugier oder die Lust, dort zu sein. Meine Fotos sind alles andere als objektiv. Wie bei allen Fotografen, hängen meine Fotos mit mir zusammen. Damit, was mir durch den Kopf geht, was ich gerade erlebe oder denke. Und dazu stehe ich.

Alle meine Fotos waren am Ende in Zeitungen zu sehen, das stimmt: Die Presse ist meine wichtigste Stütze, mein Orientierungspunkt. Aber das Fotografieren ist viel mehr für mich als das Veröffentlichen von Bildern. Für eine Zeitung arbeitet man vier, fünf Tage, höchstens eine Woche an einem Thema, vor allem heutzutage.

Für mich aber endet die Arbeit nie. Mich interessiert es, fotografische Geschichten zu erzählen, aufgegliedert in verschiedene Reportagen, die sich über mehrere Jahre verteilen, über fünf oder sechs Jahre eingehend an einer Sache zu arbeiten, nicht von einem Thema zum nächsten zu flattern, von einem Ort zum nächsten. Der einzige Weg, Geschichten aufzublättern, ist es, mehrmals an den gleichen Ort zurückzukehren; nur mit gegensätzlichen Blickwinkeln entwickelt man sich. Seit über vierzig Jahren gehe ich so vor. Das verleiht meiner Arbeit eine gewisse Folgerichtigkeit. Diese verdanke ich mit Sicherheit auch meiner emotionalen Ausgeglichenheit, geschuldet der Tatsache, dass ich mein ganzes Leben mit der Frau verbracht habe, die ich liebe. Ich verdanke ihr alles, was wir gemeinsam und mit unseren Kindern erlebt haben. Wenn ich heute zurückblicke, sehe ich einen Einklang zwischen dem, was ich bin, was ich tue und dem Ort, von dem ich stamme. Damals wusste ich natürlich nur, dass ich intensiv lebte.

Anfangs hatten Lélia und ich nicht viel Geld, und es war nicht einfach. Aber ich bereute es nicht, meine Karriere in der Wirtschaft aufgegeben zu haben. Das hat sich auch mit den Jahren nie geändert: Ich hege noch immer eine tiefe Liebe zum Fotografieren, zum Einstellen der Kamera. Zudem hat mir die Fotografie stets ermöglicht, dem Lauf der Geschichte zu folgen. Eines Tages wird eine andere Sprache sie vielleicht ersetzen, aber in der Zwischenzeit schenkt sie denen, die sie nutzen, starke Momente. Ein privilegiertes Leben.

Die engsten Verwandten der Fotografen sind die Architekten, das habe ich durch Lélias Studium herausgefunden. Wie wir navigieren sie zwischen Form und Raum; in Fragen des Lichts, der Linienführung und der Bewegung; in der Suche nach der Übereinstimmung zwischen der eigenen Lebensweise, der eigenen Überzeugung und der Geschichte. Am Ende verbindet sich alles. Darin liegt der Zauber der Architektur und der Fotografie. Im Gegensatz zu Film oder Fernsehen hat die Fotografie die Macht, Bilder zu produzieren, die keine fortlaufenden Aufnahmen sind, sondern kurze Momentaufnahmen, Sekundenbruchteile, die ganze Geschichten erzählen. Auf meinen Bildern wird das Leben eines jedes Menschen, den ich getroffen habe, durch seine Augen, seinen Gesichtsausdruck und das, was er gerade tut, erzählt.

Um gute Fotos zu machen, muss man große Freude daran haben. Man kann nicht insgesamt fünf Jahre in Afrika verbringen, wenn man den Kontinent nicht wirklich mag. Es hat keinen Zweck, jemanden zu zwingen, den Leuten bei der Arbeit zuzuschauen, wenn es denjenigen nicht interessiert. Um mehrere Monate in einer Mine zu verbringen, braucht man einen echten Beweggrund: Man muss das lieben. Alle, die mit einem Fotografen zusammenleben, wissen es nur zu gut: Es gibt nichts Langweiligeres auf der Welt, als ihn zu begleiten. Er kann mehrere Stunden am Stück an derselben Stelle hocken und durch den Sucher starren. Ich bleibe gerne stundenlang so sitzen, schaue, verschiebe Einstellungen, bearbeite eingehend das Licht.

Im Labor geschieht anschließend das Entscheidende. Es geht darum, mithilfe der Grauschattierungen der Bildentwicklung meine Gefühle in eine Sprache zu übersetzen, die nicht real ist, denn Schwarz-Weiß ist eine Abstraktion. Früher erlebte ich diese Freude allein in meinem Labor, heute vertraue ich die analoge Entwicklung Dominique Granier [1] an.

Bevor ich auf die Digitalfotografie umstieg, musste ich mich, wenn ich für Reportagen unterwegs war, manchmal mehrere Monate lang gedulden, bis ich die in Metallboxen ordentlich aufgerollten Filme entwickeln konnte, die ich mitbrachte. Erst in Paris konnte ich feststellen, ob der Zauber, den ich vor Ort gespürt hatte, auf die Filme gebannt war. Ob ich es geschafft hatte, die Bilder einzufangen, auf die ich gewartet hatte, indem ich tagelang in einem Gemeinwesen geblieben war, an dem Leben der Menschen teilgenommen, mich an ihren Aktivitäten beteiligt hatte. Indem ich, manchmal stundenlang an irgendeiner Stelle verharrend, sie hoffnungsvoll beobachtet hatte. Oder ob nicht.

Indem der Fotograf sich in das, was ihn umgibt, vollkommen einfügt, spürt er, wenn er bei etwas Unerwartetem dabei sein wird. Wenn er mit der Landschaft verschmilzt, der Situation, entsteht das Bild vor seinen Augen. Um die Konstruktion sehen zu können, muss er Teil des Phänomens werden. Alle Elemente beginnen, in seinem Sinne zu agieren. In einem solchen Moment empfindet man pures Glück! Das erinnert mich an die Arbeit für ein Buch, das im Auftrag des Betriebsrats der SNCF [2] entstand. Ich befand mich am Bahnhof von Aurillac, im Zentralmassiv, wo etwa zwanzig Personen arbeiteten. Ich war mit Antoine de Giaglis dort, ein Freund der CGT, der irgendwann zu mir sagte: »Schau, Sebastião, der ganze Bahnhof

1 Jahrelange Mitarbeiter von Salgado, heute Chef von »Gamme de Gris«, einem Entwicklungslabor für Schwarz-Weiß-Fotos in Drancy

2 Die »Société nationale des chemins de fer français« ist die staatliche Eisenbahngesellschaft Frankreichs mit Sitz in Saint-Denis bei Paris.

arbeitet mit deiner Kamera zusammen.« Und es stimmte. Jeder ging seiner Beschäftigung nach, aber es war, als ob wir alle verbunden wären und eine große Theatertruppe bildeten. Wir waren alle dabei, das gleiche Stück aufzuführen, gemeinsam. Das ist Fotografieren. In einem bestimmten Augenblick verbindet sich alles: die Menschen, der Wind, der Baum, der Hintergrund, das Licht.

Wenn ich den Auslöser drücke, bin ich ganz eins mit dieser Handlung. Das ist magisch und mein persönliches Vergnügen. Heute werde ich alt, ich brauche einen Assistenten, einen Wegbegleiter. Aber lange Zeit arbeitete ich allein. Wie in Lateinamerika, wo ich monatelang bei den Indios in den Bergen lebte.

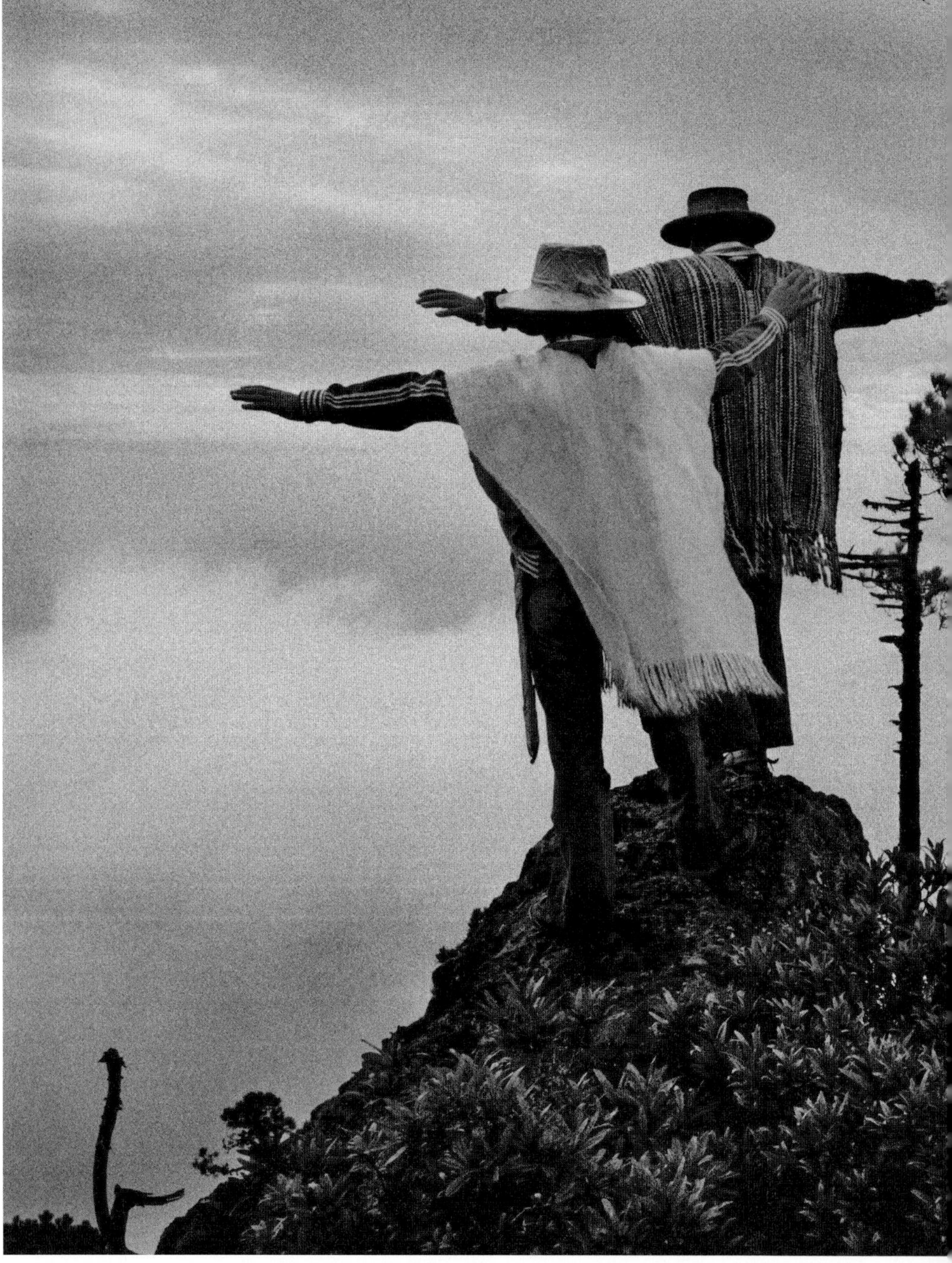

Erntedankgebet an den Gott Mixe Kioga:
Man bittet um ein weiteres Jahr des Überlebens.
Oaxaca, Mexiko, 1980.

© Sebastião Salgado / Anderes Amerika

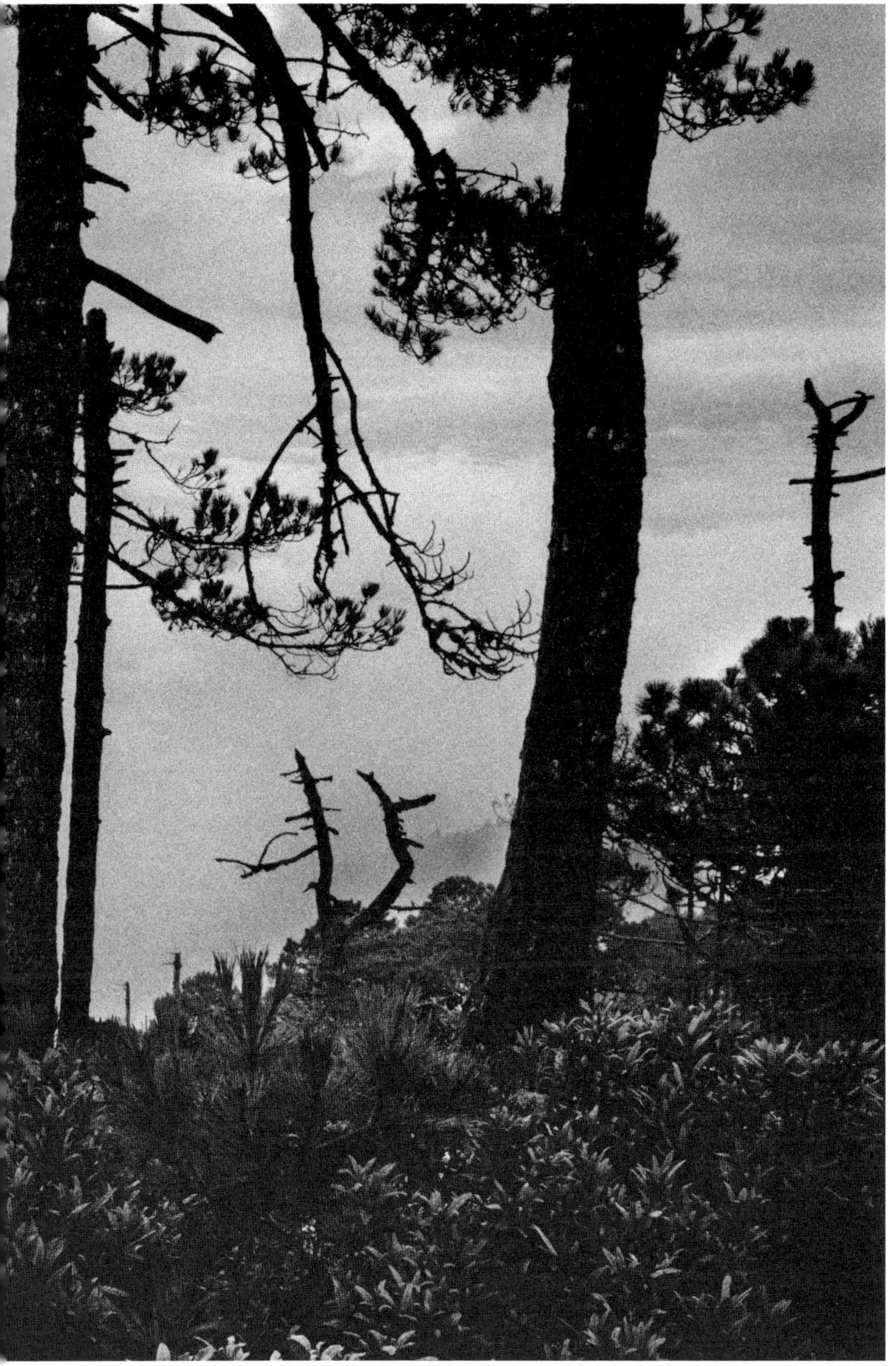

8

»Anderes Amerika«

Wie Afrika nimmt Südamerika einen bedeutenden Platz in meinem Fotografendasein und in meinem Leben allgemein ein. Als ich bei Gamma war und begann, von jenem Amerika zu erzählen, interessierte sich überhaupt niemand dafür. Doch dorthin zu reisen war für mich unerlässlich. Ich wollte das Land fotografieren, um mich so meiner Kultur anzunähern. Diese Gegenden waren anders als Brasilien, dennoch hatte ich das Bedürfnis, dieses Amerika zu spüren. Seit ich klein war, hatte ich von den Bergen Chiles, von Bolivien, von Peru gehört. Sie gehörten zu der Welt, die ich mir erträumte. Ich musste dorthin, dort leben. Also war ich dort und kehrte zwischen 1977 und 1984 oftmals zurück. Ich bereiste auch Ecuador, Guatemala und Mexiko. 1979 konnte ich dank des Amnestiegesetzes[1] nach Brasilien zurückkehren und beginnen, mein Land

1 Das 1979 erlassene Amnestiegesetz verhindert die strafrechtliche Ahndung von Taten aus der Zeit der Militärdiktatur. Die Gültigkeit des Amnestiegesetzes wurde 2010 erneut bestätigt.

zu fotografieren. Ich mochte es sehr, in den verschiedenen Gemeinschaften der Indios zu arbeiten; mit den Arbeitern in der Stadt oder auf dem Land, mit den Bergbewohnern und den indigenen Minderheiten. Ich entdeckte den Mystizismus von Sertão, im Nordosten von Brasilien, durch die Überlebenskämpfe seiner lederbekleideten Bewohnern auf diesem schrecklich trockenen Erdboden. Ich reiste auch durch die Sierra Madre, die mexikanische Bergkette, die sich im Dunst verliert. Diese Arbeit währte sieben Jahre. Manchmal sage ich, sie währte sieben Jahrhunderte: Sie ermöglichte es mir, durch Kulturen zu reisen, in denen die Uhren langsamer gehen, im Takt der Vergangenheit.

Um mich den verschiedenen Indio-Gemeinden anzunähern, waren jedes Mal mehrere Monate nötig: Ich musste mein Projekt entwickeln, musste die Reportage vorbereiten und mich mit den Menschen in Verbindung setzen, die den Kontakt mit den Ureinwohnern herstellen würden. Dann musste ich es schaffen, zu den Gemeinden zu gelangen.

Nach der Ankunft mit dem Flugzeug nahm ich den Bus, wie die Indios. Am Ende musste ich nur noch ein Stück laufen. Ich brauchte stets mehrere Tage, um diese oder jene Gruppe in den Bergen zu finden. Dort angekommen, musste ich abwarten, bis ich akzeptiert wurde, auch wenn ich im Vorfeld eine Besuchserlaubnis erhalten hatte. Der Großteil der Indios, Menschen mit einer bedeutenden Kultur, waren von unserer westlichen Zivilisation umgebracht worden. Sie sind noch immer misstrauisch. Man muss lange diskutieren und dann mit ihnen zusammenleben, wenn man sie anschließend fotografieren will.

Ich war monatelang von zu Hause fort, meine Frau fehlte mir sehr. Oft dachte ich an sie und Juliano, unseren Sohn, der noch ganz klein war. Wie oft weinte ich in einem verborgenen Winkel! Zugleich empfand ich auf der Suche nach Bildern ein riesiges Vergnügen. Außerdem konnte ich nicht eine so weite und teure Reise auf mich nehmen und dann nur ein paar Tage vor Ort bleiben. Ich lernte viel im Hochgebirge. Ich fror schrecklich, denn es ist dort nachts unfassbar kalt – Jahre vergingen, bevor ich mir einen ordentlichen Schlafsack kaufte! –, aber ich sah so viel Schönes, so viel kulturellen und spirituellen Reichtum, dass ich nichts bereute.

Die Bilder, die ich von dort mitbrachte, sind nicht mir allein gelungen. Die Bevölkerung musste sie mir gestatten, sie mir schenken. Sie tat es, weil ich mir die Zeit genommen hatte, mit ihr zusammen zu leben. Ebenfalls grundlegend war, dass ich allein kam. Der Mensch ist ein Herdentier, wenn also jemand irgendwo allein auftaucht, wird er schnell von denen aufgenommen, die schon da sind. Wenn mir kalt war, wenn ich Hunger hatte, wenn meine Familie mir fehlte, sagte ich es meinen Gastgebern.

Ich erzählte ihnen von meinem kleinen Jungen, der weit entfernt von mir aufwuchs. Kurz gesagt, ich teilte das Wichtigste in meinem Leben mit ihnen, so wie sie mit mir diese Bilder teilten. Sie gaben mir diese Fotos, und ich habe sie empfangen. Sie enthalten für mich eine große Kraft. Beim Betrachten erinnern sie mich sowohl an meine Einsamkeit als zugleich auch an den Trost, den die Indios mir schenkten. Wenn ich sie zeigte, vermittelten sie manchmal die Kraft im Leben dieser Leute und die Kraft der Zeit, die wir zusammen verbracht haben.

Nach meiner Rückkehr erhielten die Arbeiten, die im Vorfeld keinen interessiert hatten, einen Preis der Stadt Paris für eine Buchveröffentlichung. Auf diese Weise konnte ich bei Éditions Contrejour den Band »Anderes Amerika«[2] herausgeben, gemeinsam mit Claude Nori. Claude, ebenfalls Fotograf, ist ein exzellenter Verleger; er hat wunderbare Bücher mit Doisneau[3], Willy Ronis[4], Jeanloup Sieff[5] und anderen gemacht. Schade, dass er eine so lange Pause gemacht hat, aber nun kehrte er ins Verlagswesen zurück. Der »Prix de La Ville de Paris« ermöglichte die Veröffentlichung von 49 Fotos, zusätzlich zu dem auf dem Buchcover. Es war der erste Bildband, den Lélia konzipierte, der erste, den sie herausgab. Unser erstes Buch. Und 1986 gestalteten wir eine Ausstellung in Paris, in der Maison de l'Amérique latine[6]. Es wurde eine Wanderausstellung.

---

2 Auf Deutsch erstmals 2015, Knesebeck Verlag, München.

3 Robert Doisneau (1912–1994) gilt als Vertreter einer »humanistischen Fotografie«, die den Menschen in seinem Alltag abbildet.

4 Willy Ronis (1910–2009) war ein vielfach ausgezeichneter französischer Fotograf, der ebenfalls zur Schule des »Fotografischen Humanismus« zählte.

5 Jeanloup Sieff (1933–2000) war zunächst Fotojournalist und wurde als Modefotograf weltweit bekannt.

6 Das Pariser »Lateinamerika-Haus« wurde 1946 gegründet und dient seither dem kulturellen, wirtschaftlichen und diplomatischen Austausch zwischen Frankreich und den Ländern Lateinamerikas.

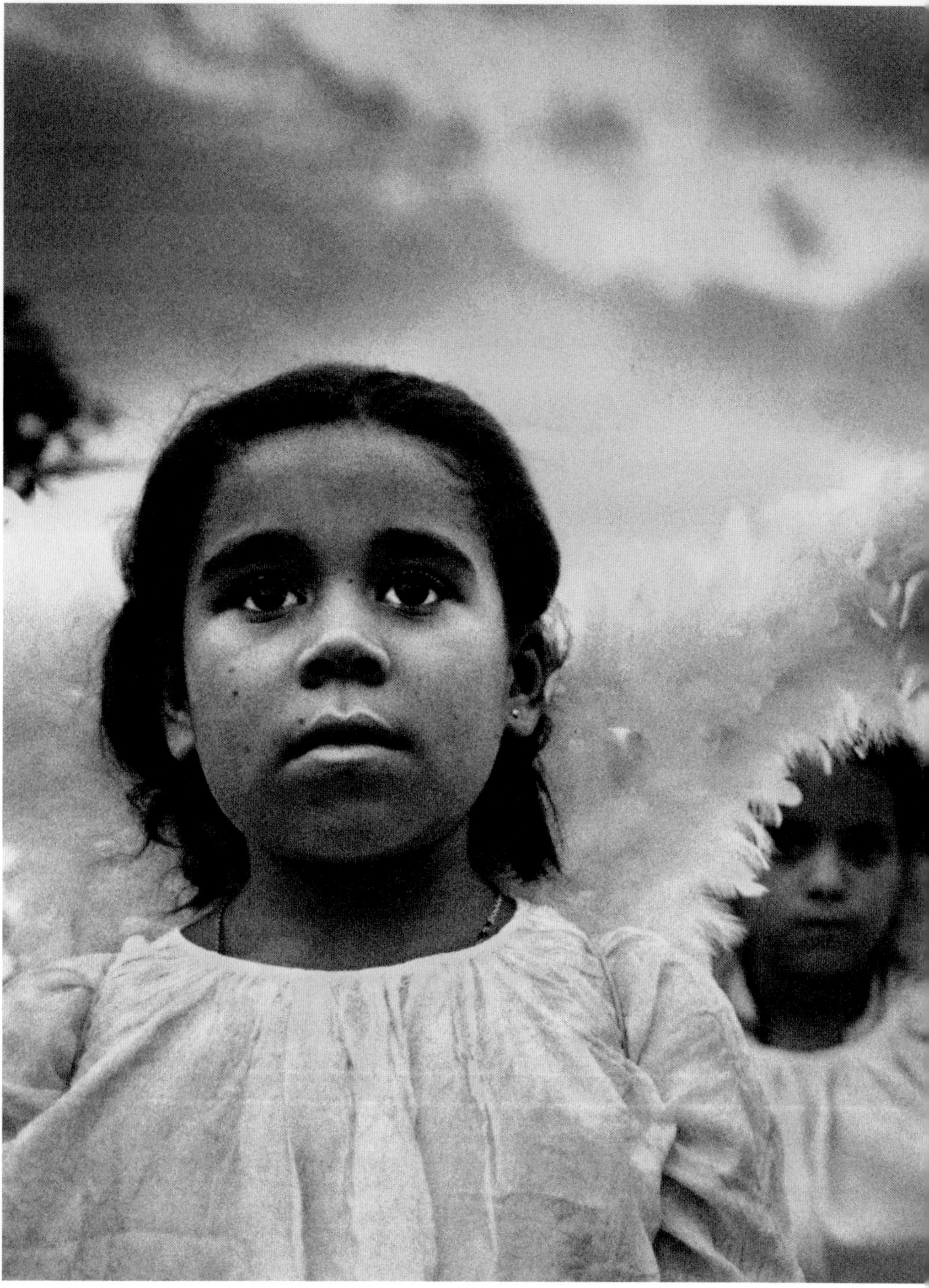

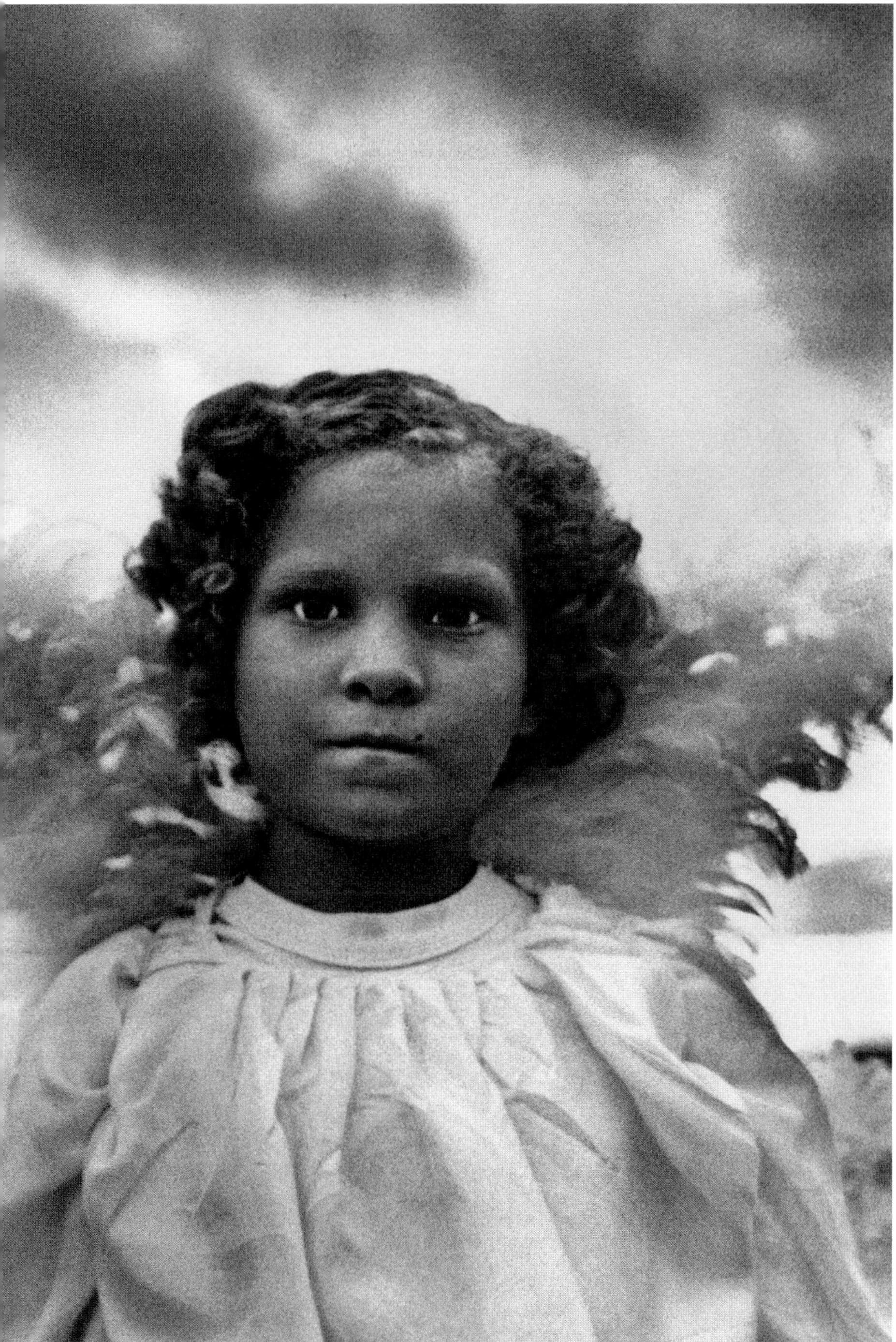

Erstkommunion in Juazeiro do Norte. Ceará, Brasilien 1981.

9

Bilder einer Welt im Elend

Im Jahr 1984 tartete »Ärzte ohne Grenzen«[1] ein großes Nothilfeprogramm zur Ernährung und medizinischen Versorgung der Dürreopfer in der Sahelzone, wo die Bevölkerung zu verhungern drohte. Über achtzehn Monate machte ich im Auftrag der Organisation eine große Reportage in Mali, in Äthiopien, im Tschad und im Sudan; eine Fotoserie, die Ströme von Menschen zeigte, die vor Durst und Hunger und in manchen Fällen vor dem Krieg flohen. Auf den Bildern sind zahlreiche Flüchtlinge zu sehen, die in Lager wie das im äthiopischen Korem strömten, das damals größte, in dem sich 80.000 Opfer der Dürrekatastrophe drängten. Die Reportage wurde eng von der französischen Zeitung »Libération«[2] begleitet: Ich arbeitete direkt mit Christian Caujolle zusammen, dem damaligen

1 »Médecins sans Frontières« wurde 1971 gegründet und ist die weltweit größte unabhängige Organisation für medizinische Nothilfe.

2 1973 gegründete, linksliberale Tageszeitung, nach »Le Monde« und »Le Figaro« das wichtigste überregionale Blatt Frankreichs.

Chef der Bildredaktion. Meine Fotos wurden dann auch in der internationalen Presse veröffentlicht, was der humanitären Sache sehr dienlich war. 1985 erhielt ich für diese Arbeit den »World Press Award«[3] und den »Oskar-Barnack-Preis«[4]. Im Jahr darauf konzipierte Robert Delpire[5] in Frankreich ein Buch mit dem Titel »Sahel. L'homme en détresse«[6], das vom »Centre national de la photographie« veröffentlicht wurde. Anlässlich der Gründung der spanischen Niederlassung von »Ärzte ohne Grenzen«, gestaltete Lélia 1988 ein zweites Buch mit dem Titel »Sahel. El fin del camino«[7].

Im Laufe meines Lebens machte ich zahlreiche Reportagen über notleidende Völker und Flüchtlinge. Wie bei all meinen Fotostorys ließ ich mich ihnen jeweils durch Institutionen und Organisationen, die mit ihnen zusammenarbeiteten, vorstellen. Ich nahm mir Zeit, die Leute kennenzulernen, mit ihnen zu sprechen. Ich begegne denen, die ich fotografiere, in ihrer Umgebung, beobachte sie bei ihren normalen Tätigkeiten. Ich bitte sie nie zu posieren, aber sie merken, dass ich sie fotografiere und erlauben es mir wortlos. Allein kann kein Foto etwas an der Armut in der Welt ändern. Doch in Verbindung mit Texten, Filmen und den Aktivitäten der humanitären und Umwelt-Organisationen sind meine Bilder Teil einer größeren Bewegung, die Gewalt, Ausgrenzung und Umweltprobleme anpran-

3 Der seit 1955 jährlich verliehene World Press Photo Award ist der weltweit größte Wettbewerb für Pressefotografie.

4 Wilhelm Oskar Barnack (1879–1936) gilt als Erfinder der 35-mm-Kleinbildkamera, der sogenannten »Ur-Leica«. Der nach ihm benannte Preis wird seit 1979 jährlich ausgeschrieben.

5 Robert Delpire (1926–2017) war ein Pariser Graphiker, Kurator, Herausgeber, Filmproduzent und Herausgeber der Kulturzeitschrift »Neuf«.

6 Sebastião Salgado und Xavier Emmanuelli, Prisma Press, Paris 1986

7 Sebastião Salgado, Rosa Montero, Pilar Carrasco, Comunidad, para Médicos sin Fronteras, Madrid 1988

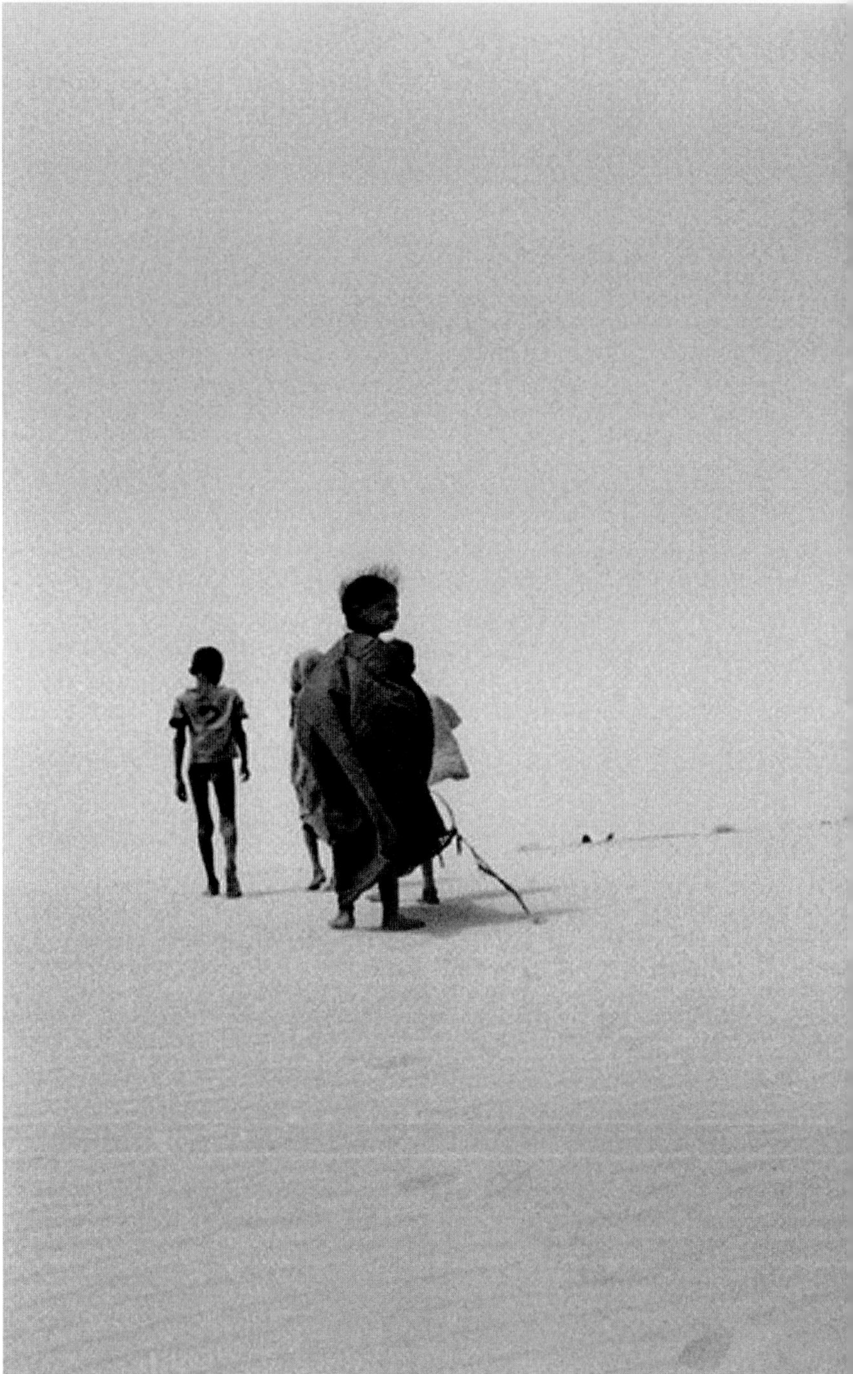

Nomaden auf ihrem Weg durch die Wüste, um in die Nähe der Städte zu gelangen – in der Hoffnung dort Nahrung und Schutz zu finden. In der Region um Faguibine, Mali, 1985.

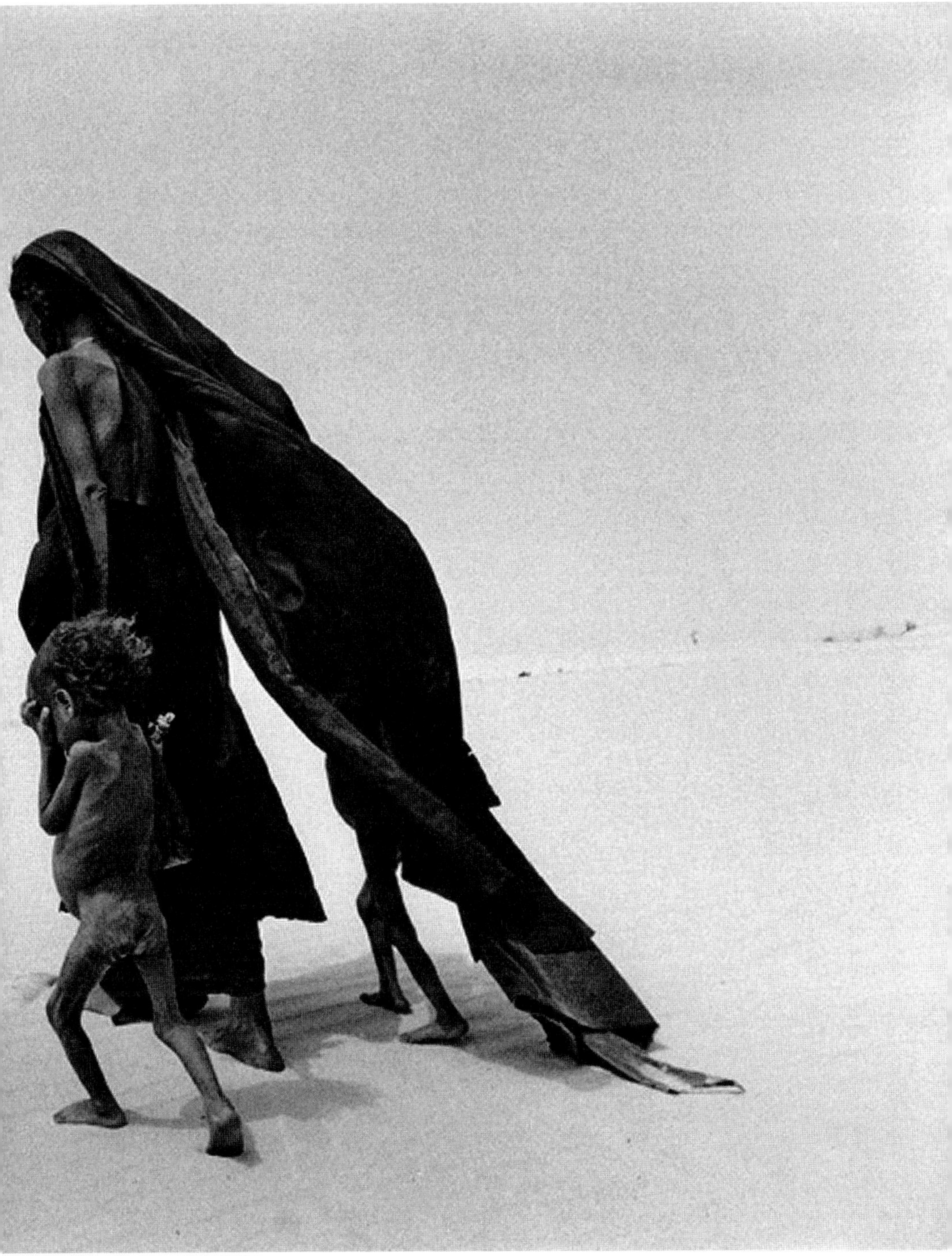

gert. Bilder sind ein Medium, das den Betrachter dafür empfänglich macht, dass wir alle dazu fähig sind, das Schicksal der Menschheit zu beeinflussen. Ich stamme nicht von der Nordhalbkugel und teile das Schuldgefühl mancher meiner Kollegen nicht. Ich fotografiere die materielle Armut nicht, weil ich mich schuldig fühle, sie ist vielmehr Teil der Welt, aus der ich komme. Seit die Linke die Zügel in der Hand hält, und vor allem unter Lulas Einfluss, begann Brasilien sich zu entwickeln.[8] Als ich jung war, war es ein unterentwickeltes Land, und bevor ich es verließ, sah ich, wie die Armut wuchs. Schon immer empfand ich es als ungerecht, wie der Reichtum zwischen Nord und Süd verteilt ist. Ungerecht, wie Reichtümer stets auf die eine Seite des Planeten wandern und nie auf die andere. Ich wollte den Bewohnern der reichen Länder die Hungersnot in Afrika zeigen, damit sie begriffen, dass sie die schwerste Folge eines weltweiten Ungleichgewichts darstellte. Aus demselben Grund wollte ich den Landlosen in Brasilien Gehör verschaffen.

Als ich 1979 nach Brasilien zurückkehren durfte, war die Armut im Land frappierend. Unter der von 1964 bis 1984 andauernden Diktatur verkaufte ein großer Teil der kleinen brasilianischen Grundbesitzer ihr Land zu »attraktiven« Preisen an die großen Landwirtschaftsbetriebe und wurde anschließend von der damaligen Hyperinflation eingeholt. Es war, als hätte man sie enteignet: Sie lebten seitdem in prekären Verhältnissen. Die ersten Fotos, die ich bei meiner Rückkehr machte, zeigten die Lage dieser Bauern, die »boias frias« genannt wurden: »die, die kalt essen«. Sie lebten am Rand der

8 Seit 1. Januar 2019 ist Jair Messias Bolsonaro Staatspräsident von Brasilien. Er gehört der rechtsgerichteten Partido Social Liberal (PSL) an.

riesigen landwirtschaftlichen Besitztümer, die durch den Zusammenschluss ihrer Flächen entstanden waren. Vor Ort tat lange Zeit nur die befreiungstheologische Kirche etwas dagegen. Die ländlichen Gewerkschaften und der Verband der Landarbeiter (FETAG[9]) ermöglichten ihnen, sich mit anderen Benachteiligten zusammenzutun und gegen die erlittene Ungerechtigkeit zu protestieren.

1984 wurde die »Bewegung der Landarbeiter ohne Land (MST)«[10] gegründet: Sie umfasste 4,8 Millionen Familien. Über 15 Jahre verfolgte ich ihre Forderungen. Die MST machte eine landesweite Bestandsaufnahme der brachliegenden Flächen. Indem sie sie besetzte, wollte sie die Regierung dazu bringen, den Boden zurückzukaufen, um das Land an die benachteiligten Bauern zu verteilen. Im Jahr 1996 sah ich in Paraná, einem Bundesstaat im Süden von Brasilien, 12.000 Personen, etwa 3.200 Familien, eine Fläche von 83.000 Hektar besetzen, von denen nur 12.000 urbar waren.

Die Aktivitäten der MST waren legal und schadeten niemandem, da nur die ungenutzten Flächen besetzt wurden. Die brasilianische Verfassung untersagt den Besitz von Land, wenn man es nicht bestellt, was die Großgrundbesitzer jedoch nicht davon abhielt, das Gesetz zu brechen: Viele von ihnen ließen die Familien, die das Land besetzten, von Handlangern oder von der Polizei vertreiben. Nichtsdestotrotz wurden dank der MST am Ende viele Flächen neu verteilt, damals an etwa 200.000 Familien. Nach 15 Jahren wurde mir klar, dass meine Bilder genau diese Geschichte erzählten. Lélia

9 Federação dos Trabalhadores na Agricultura, in den 1960er-Jahren gegründete Gewerkschaft, die 1965 als Föderation der Landarbeiter anerkannt wurde.

10 Movimento dos Trabalhadores Rurais Sem Terra, kurz auch »Bewegung der Landlosen« genannt, eine Massenbewegung, die sich für radikale Landreformen einsetzt.

machte also ein Buch mit einem Text von José Saramago [11], den Liedern von Chico Buarque [12] und meinen Fotos. »Terra« [13], erschienen 1996, war ein wirklich vielhändig geschriebenes Manifest für die MST. Lélia konzipierte erneut eine originelle Ausstellung: Sie entwickelte einen leicht aufstellbaren Bausatz für 50 Poster. 2.000 wurden produziert, mit dem Ziel Spenden zu sammeln, aber auch die Geschichte dieser Kämpfer um Ackerland bekannt zu machen. Die Verkaufsausstellungen fanden in Lateinamerika, in den Vereinigten Staaten, in Europa und in Asien statt. Der Erlös ging vollständig an die MST. In Frankreich, Italien und Spanien veranstalteten wir Wanderausstellungen mit der Hilfsorganisation »Frères des Hommes«[14].

Jedes meiner Fotos ist eine Wahl. Sogar in schwierigen Situationen muss man dabei sein und mit ihnen umgehen wollen. An dem, was vor sich geht, teilnehmen oder nicht, aber immer wissen, warum man sich an diesem Ort befindet. Den Landlosen mit der Kamera zu folgen war meine Art, mich ihrer Bewegung anzuschließen. Die Bilder der Hungersnot in Afrika zu zeigen, war ein Weg, die Not anzuprangern. Die Fotos lösten überall starke Reaktionen aus. Bilder sind eine Art wirkungsvollere Schrift, da man sie überall auf der Welt ohne Übersetzung lesen kann.

---

11 José Saramago (1922–2010), portugiesischer Dichter, Dramatiker und Autor, Nobelpreisträger 1998.

12 Chico Buarque, eigentlich Francisco Buarque de Hollanda (* 1944), ist ein brasilianischer Musiker, Schriftsteller und Dramaturg. Während der Militärdiktatur in Brasilien war er im Widerstand. Viele seiner Lieder wurden zu volkstümlichen Hymnen Brasiliens.

13 Erschien 1997 auf deutsch bei Zweitausendeins, Frankfurt am Main.

14 Frères des Hommes wurde 1965 vom Pianisten und Komponisten Armand Marquiset (1900–1981) als eine der ersten französischen NGOs der Dritten Welt gegründet.

10

Von Magnum zu Amazonas Images

Jean Gaumy[1], einer meiner Kollegen bei Gamma, wechselte 1977 zu Magnum. Im Jahr darauf folgte ihm Raymond Depardon. Ich war sehr glücklich bei Gamma, wo Hervé Tardy[2] und ich eine Magazinabteilung gegründet hatten, mit der wir exzellente Arbeit leisteten. 1979 legte ich Magnum dennoch mein Portfolio vor, und sie nahmen mich auf. Damals war Lélia mit unserem zweiten Kind schwanger, mit Rodrigo.

Nach seiner Geburt, wenige Tage vor meinem Eintritt bei Magnum, fanden wir heraus, dass er Trisomie 21 hat. Mit Rodrigo wurden wir in eine Welt der Behinderung geworfen, von der wir keine Ahnung hatten. Wir mussten sie entdecken und uns aneignen – eines der großen und schmerzhaften Abenteuer unseres Lebens, das

1 Jean Gaumy (*1948) arbeitet seit 1977 für Magnum, drehte die Filme »La Boucane« 1986, für den renommierten französischen Filmpreis »César« nominiert, »Jean-Jacques« (1987) und »Marcel, Prêtre« (1994). Erhielt den französischen Foto-Buch-Preis »Prix Nadar« 2001 und 2010.

2 Eigentlich Naturwissenschaftler, stößt Hervé Tardy 1976 zur Agentur Gamma. Seine Bilder der »Tourist Trophy« auf der Isle of Man, einer Motorradrallye werden zu Schwarz-Weiß-Ikonen.

für uns sehr lehrreich war. Ich habe mit Rodrigo so viel gelacht, er war so lieb und lustig, als er klein war. Eine unerschöpfliche Quelle der Zuneigung und Sanftheit. Ich bin mir sicher, dass meine Fotos ohne ihn anders wären. Er brachte mich dazu, Gesichter auf andere Weise zu betrachten, anders auf Lebewesen zuzugehen.

Meine Schule der Fotografie war Gamma, aber Magnum bot mir eine fantastische Gelegenheit zur Weiterentwicklung. Nachdem Lélia ihren Master in Stadtentwicklung abgeschlossen hatte, baute sie die Galerie Magnum aus und organisierte Ausstellungen; sie gewann dabei wertvolle Erfahrungen.

Die deutsche »Geo«[3] erteilte mir den ersten Auftrag über die Agentur: eine Reportage in Guyana. Ich sollte Farbbilder abliefern. Ich bin für meine Liebe für Schwarz-Weiß bekannt, aber zu Beginn meiner Karriere fotografierte ich oft in Farbe, bis zu meiner Serie »Arbeiter« (La main de l'homme).

Meine letzte Farbreportage stammt aus dem Jahr 1987 und vom 70. Geburtstag der Sowjetrevolution, ein Auftrag von »Life«[4]. Ich hatte eine Schwarz-Weiß-Reportage vorgeschlagen, und die Redaktion war einverstanden gewesen. Jimmy Fox, der Verleger von Magnum, bat mich dennoch, einige Farbaufnahmen für das Agenturarchiv zu machen. Ich schickte alle meine Filme von Moskau aus direkt an »Life« in New York, Schwarz-Weiß und in Farbe. Das Magazin entwickelte alles und veröffentlichte schließlich, meinen ursprünglichen Vorschlag vergessend, mehrere Farbdoppelseiten

---

3 Reportage-Magazin, gegründet 1975 von Rolf Gillhausen, gehört zum Hamburger Verlag Gruner + Jahr

4 »Life Magazine« ist ein Magazin für Fotojournalismus, das 1936 in New York gegründet wurde und den Namen einer damals für Humor und Cartoons bekannten Wochenzeitung übernahm.

mit der Parade und dem Feuerwerk auf dem Roten Platz. Es waren die letzten Farbfotos, die von mir erschienen.

Fünfzehn Jahre lang blieb ich bei Magnum. Es war bereichernd, aber es herrschte auch starke Konkurrenz. Ich traf große Fotografen wie Erich Hartmann[5], Henri Cartier-Bresson[6], Eric Lessing[7] und George Rodger[8], die gute Freunde wurden. Es war eine Freude, mit solch starken Persönlichkeiten zu verkehren, doch erlebte ich auch gewaltigen Streit.

Als ich zur Agentur stieß, hatte ich bereits Kontakte zu allen großen Magazinen. So beauftragte mich die »New York Times« im März 1981 mit einer Reportage über die ersten hundert Tage von Ronald Reagan – er war im November 1980 gewählt worden. Am 30. März trat der Präsident in Washington am helllichten Tag aus dem Hotel, als auf ihn geschossen wurde. Ich war da, ich drückte den Auslöser. Ich erlebte die sechs Pistolenschüsse mit, die ein psychisch Gestörter auf die Begleiter des Präsidenten abfeuerte. Reagan wurde nicht direkt getroffen, aber eine Kugel prallte von seinem Wagen ab und drang in seine Brust. Sie wurde ein paar Stunden später im Operationssaal entfernt. Das Attentat war für mich und die Agentur Magnum, die in finanziellen Schwierigkeiten steckte, eine

---

5 Erich Hartmann (1922–1999), ein in München gebürtiger Fotograf, der unter den Nationalsozialisten nach USA fliehen konnte. Hartmann trat 1952 bei Magnum Photos ein und gehört ab 1967 zum Direktorium der Agentur.

6 Henri Cartier-Bresson (1908–2004), weltbekannter französischer Fotograf und Dokumentarfilmer, Mitbegründer der Agentur Magnum Photos

7 Dem in Wien gebürtigen Erich Lessing (1923–2018) gelingt als Einzigem seiner Familie die Flucht nach Palästina, wo er Radiotechniker wird. 1951 nimmt ihn die Agentur Magnum auf. 1967 erhält er den »Prix Nadar«.

8 George Rodger (1908–1995) britischer Fotograf und Kriegsberichterstatter, begründet 1947 die Agentur Magnum mit.

wichtige Sache: Alle meine Fotos wurden verkauft! Später am selben Tag traf ich am Eingang des Weißen Hauses einen Fotografen, der bei dem Attentat auf Bob Kennedy dabei gewesen war. So stellte er sich mir vor, und er hatte es sogar auf seine Visitenkarte drucken lassen. Ich spürte die Gefahr: Ich fotografierte seit Jahren Afrika, beschäftigte mich tiefgehend mit Lateinamerika, nichtsdestotrotz riskierte ich, der Fotograf des Attentats auf Reagan zu werden.

Gemeinsam mit Lélia entschied ich, die Bilder davon nie mehr zu veröffentlichen. Inzwischen gebe ich es gern zu: Dieser »Coup« trug zur Finanzierung meiner Reportagen, meiner persönlichen Arbeit abseits der Auftragsarbeit, das heißt zu allem, was mir wirklich am Herzen lag, erheblich bei.

Bei Magnum gab es viele Fotografen. Sie betrieben ihren Beruf auf unterschiedliche Weise. Das 21. Jahrhundert stand vor der Tür, weder die Welt, in der die Agentur 1948 gegründet worden war, noch die Presse von damals existierten noch. Es wurde zwingend notwendig, sich weiterzuentwickeln. Ich war nicht der Einzige, der keine Reportagen zur aktuellen Lage, sondern zum Lauf der Welt machte, denn da waren noch Gilles Peress[9], Abbas[10], James Nachtwey[11] … Unsere Arbeit hatte mit der der Kollegen von den farbigen Geografie-Magazinen nichts gemein, auch nichts mit der Werbung

9 Gilles Peress wurde 1946 in Neuilly geboren. Der international renommierte Dokumentar-Fotograf wurde in Deutschland besonders durch seine Serie »The Fall« bekannt: Sie zeigt die Tage und Nächte rund um den Fall der Mauer am 9. November 1989.

10 Abbas Attar, genannt Abbas, (1944–2018) war ein iranisch-stämmiger Fotojournalist, der die Revolution im Iran dokumentierte und bekannt wurde durch seine Bildbände zu den Weltreligionen.

11 James Nachtwey (* 1948), US-amerik. Dokumentarfotograf, Kriegsberichterstatter und Fotojournalist erhielt fünfmal die Robert-Capa-Medaille und 1995 den World Press Photo Award.

oder irgendwelchen jährlichen Berichterstattungen. Daher bot sich eine Unterteilung in verschiedene Bereiche an, um auf die Bedürfnisse der jeweiligen Fotografen besser eingehen, ihre Archive besser zu verwalten und ihre Bilder besser vermarkten zu können. Also schlug ich Magnum vor, dementsprechende Produktionseinheiten zu schaffen. Ich bin mir sicher, dass dies die Rentabilität und die Abstimmung untereinander erhöht hätte. Meine Idee wurde nicht übernommen. Zwei Jahre brauchte ich für meine Entscheidung, dann verließ ich schließlich die Agentur.

Als ich ging, hatte ich bereits mehrere Bücher veröffentlicht, und viele Museen in der ganzen Welt stellten meine Fotos aus. Mit »Paris Match«[12], »Life«, »Stern«[13] und »El País«[14] hatte ich Verträge über ein neues Projekt geschlossen, das wir »Exodus« nannten. Ich brauchte ein Team dafür. Magnum lehnte die Gründung einer solchen Einheit ab, und so erfanden Lélia und ich sie selbst.

Für die Vermarktung der Bilder suchten wir uns Agenten in verschiedenen Ländern. Der Verkauf war nie unser Metier, aber wir wussten, wie man Projekte konzipierte, Geschichten erzählte, wie man Reportagen plante und umsetzte. Lélia hatte Erfahrung im Ausstellungsbereich, von der Konzeption bis zur Hängung; zudem hatte sie mehrere Bücher gemacht. Wir waren so weit, und sie war dazu bereit, unsere eigene Firma zu gründen und zu leiten. So riefen

---

12 Eine 1949 gegründete, wöchentlich erscheinende Illustrierte des französischen Hachette-Verlags.

13 Der Verleger und Publizist Henri Nannen gründete das Wochenmagazin 1948 in Hannover, heute erscheint es bei Gruner + Jahr in Hamburg.

14 Die linksliberale Tageszeitung »El País« erscheint in Spanien seit 1976 und ist mit einer Auflage von über 304.000 die größte und international bekannteste Tageszeitung Spaniens.

wir 1994 »Amazonas Images«[15] ins Leben, mit Sitz am Kanal Saint-Martin in Paris. Wir stellten eine Handvoll Leute ein; manche Arbeiten gaben wir an externe Labors.

15 www.amazonasimages.com

11

»Arbeiter« – La main de l'homme

Als Lélia und ich in den 1980er-Jahren die Geschichte ersannen, die im Französischen »La main de l'homme«[1] heißt, wollten wir der Arbeit ein Denkmal setzen. Damit verständlich wird, was ich damit meine, komme ich erneut auf die Wirtschaft zu sprechen: Jedes Produkt entsteht aus dem Zusammenspiel von Rohstoffen, Kapital und Arbeit. Sieht man genauer hin, stellt man fest, dass von diesen drei Faktoren die Arbeit der wichtigste ist. Nehmen wir die Indios im Amazonasgebiet, deren Leben dem unseren vor 5.000 bis 10.000 Jahren ähnelt. Sie wissen, wie man Fisch räuchert. Das mehr oder weniger industrielle Räuchern der Fische, die im Supermarkt verkauft werden, leitet sich von diesem Urwissen ab. Die technologische Entwicklung führte zur Automatisierung der Handarbeit, ohne die sie nie existieren würde. Das Geld hingegen wertet nur die

1 »La main de l'homme« erscheint 1993 beim Pariser Verlag Éditions de La Martinière. Die deutsche Übersetzung »Arbeiter: zur Archäologie des Industriezeitalters« erscheint im selben Jahr bei Zweitausendeins in Frankfurt a.M.

menschliche Arbeit, die zum Besitz des Kapitals geworden ist. Zweifellos ist die Arbeit die wichtigste Komponente der Produktion. Ich habe eine Reihe von Reportagen konzipiert, um die Arbeit und die Arbeiter zu würdigen. In den fünf Jahren, die ich diesem Thema widmete, hat es niemand abgelehnt, sich bei seiner Tätigkeit fotografieren zu lassen. So zeigte ich eine produzierende Welt. Eine Welt, die im Verschwinden begriffen ist.

Ich konzentrierte mich auf die Massenproduktion, bei der der Mensch noch wichtiger ist. Denn wir erlebten das Ende der großen industriellen Revolution. Der technologische Schub, die Entdeckungen der Elektronik, dann die der Robotik hatten begonnen, die menschlichen Hände zu ersetzen. In der Automobilindustrie zum Beispiel wurde lange Zeit jedes Einzelteil von Arbeitern montiert: Frauen oder Männer schraubten die verschiedenen Teile zusammen, damit sie ein Ganzes ergaben. Dann tauchten die Schraubroboter auf, ersetzten die menschlichen Arme. Ich wollte eine visuelle Archäologie der industriellen Ära schaffen, bevor sie hinweggefegt würde. Hierzu besuchte ich industrielle Landwirtschaftsbetriebe, Fabriken und Minen. Ich ging dorthin, wo man am besten sieht, wie die Arbeit zum Rohstoff hinzukommt, dorthin, wo Fließbandarbeit zu sehen ist.

Von 1986 bis 1991 machte ich mit der Unterstützung einer Gruppe von Chefredakteuren – vor allem Roger Thérond [2] von »Paris Match«

2 Der Filmkritiker Roger Thérond (1924–2001) trat 1950 bei der Wochenzeitschrift »Paris Match« als Redakteur ein und bleibt dem Blatt mit einer Unterbrechung beim Magazin »Photo« bis 1999 treu. Als anerkannter Foto-Sammler ruft er den »Grand Prix Paris Match du photojournalisme« ins Leben.

und Alberto Anaut[3] von »El País« – und der Agentur Magnum, der ich noch angehörte, um die vierzig Reportagen in fünfundzwanzig Ländern. Sehr wenige in Europa, denn in den 1980er-Jahren wurden bereits viele europäische Produktionsstätten schlüsselfertig ausgelagert, nach China, Brasilien, Indonesien, Indien … Ganze Industriezweige verschwanden so aus unserer Umgebung, wie beispielsweise die Metallindustrie aus Lothringen. Ich mochte diese Zeit in meinem Leben sehr, denn dort, wo ich Menschen bei der Arbeit vorfand, waren sie stolz darauf, etwas zu produzieren, zu erschaffen. Der Einfallsreichtum dieser Spezies beeindruckte mich; die Fähigkeit, ein Stück Stahl zu nehmen, es mit einem anderen zu verschweißen, dann mit noch einem … und daraus nach und nach zum Beispiel ein Schiff zu bauen. Ein riesiges Monument von unwirklicher Komplexität. Bevor es zu Wasser gelassen wird, ist es ein Haufen verbundener Metallteile. Mit der Berührung des Wassers wird es zum Boot. Man rüstet es aus, und es fährt davon. Es ist unglaublich, dass ein Stück Stahl schwimmen kann. Und all das hängt eigentlich von der Erfindung des ersten Einbaums ab, den man zum Schwimmen gebracht hat. Es ist die gleiche Technik, die Meisterleistung zu Beginn ist die gleiche. Dieses Schiff transportiert verschiedene Produkte oder Reisende, es verbindet die Welt. Wenn es als zu alt gilt, wird es nach Bangladesch gefahren, an bestimmte Orte in Indien oder in Pakistan, wo es wenig Metall gibt. Dort wird es wieder zu einer Vielzahl von Eisenteilen auseinandergenommen. Diese Teile werden in Messer verwandelt, in landwirtschaftliche Geräte oder in Gegenstände, wie sie das Schiff

3 Der Madrider Alberto Anaut (*1955) ist von 1988 bis 1994 Chefredakteur von »El País«.

seinerzeit über die Meere transportiert hatte. Die Bronzeschrauben werden zu Teekannen, zu Ohrringen, zu wunderschönem Schmuck für die Kleidung der bengalischen Frauen. Nachdem sie vorher um die Welt gereist waren, die Häfen von Singapur, New York und den übrigen Planeten gesehen hatten. Ein ausgeklügelter Prozess von ungeahnter Komplexität. Bei meiner Beobachtung dachte ich: »Ich gehöre einer unglaublichen Spezies an!« Doch hat die Medaille zwei Seiten. Ein Schiff hat seinen Ursprung in einer Kohlemine und in einer Eisenmine: Kohle und Eisen ergeben Stahl, der zu den Platten gepresst wird, aus denen das Schiff besteht. Die Silikose, die in den Lungen der Kohle- und Eisenminenarbeiter tobt, befällt auch die Werftarbeiter. Die gleichen Symptome findet man auch in Bangladesch an den »ship breaking yards«, den Abwrackwerften. Die Krankheit läuft durch die gesamte Produktionskette. Dank »Arbeiter« bekam ich diese Geopolitik der Fertigung zu Gesicht.

Ich habe festgestellt, dass manchmal dort, wo Leben erschaffen wird, zugleich der Tod vorbereitet wird. In Kasachstan werden Phosphat, das in der Landwirtschaft als Dünger verwendet wird, und Napalm, eine hocheffiziente Kriegswaffe, in denselben Fabriken produziert. In Bangladesch wurden aus dem traditionellen Jutestoff Kornsäcke fabriziert sowie die bekannten, mit Sand gefüllten Säcke, die die Schützengräben verstärken und die darin Kämpfenden abschirmen: Unter dem Einschlag der Kugeln schließt sich der Jutesack, ohne Sand zu verlieren, und dient so weiterhin zuverlässig als Schutzbarriere. Auch die Zuckerfabriken in Brasilien bieten eine erweiterte Produktpalette an: Aus Zuckerrohr gewinnt man Zucker, aber auch Methanol, einen Treibstoff, der die Umwelt weniger verschmutzt als Benzin. Als ich die Zuckerrohrplantagen in Kuba besuchte, verstand ich, dass nicht der Mensch das Zuckerrohr macht, sondern das Zuckerrohr den Menschen. Wie in Brasilien gleichen sich hier zwei Zuckerarbeiter wie ein Ei dem anderen. Sie ähneln sich in ihrer Art zu arbeiten, sich zu bewegen, sich zu kleiden und selbst sich zu zerstreuen.

In Kuba, nur wenige Kilometer von den Zuckerfabriken entfernt, traf ich auch auf Tabakarbeiter. Sie waren Teil einer ganz anderen Welt. Im Umgang mit den Tabakblättern, die für berühmte Zigarren-Marken bestimmt waren und die hochwertige Jahrgänge ergaben, vergleichbar mit denen renommierter französischer Weine, trugen sie Hauben. Diese Arbeiter glichen denen auf den Zuckerrohrplantagen in keinster Weise, obwohl sie Nachbarn waren; sie ähnelten vielmehr den Arbeitern im Weinanbau. Es ist also das Produkt, das den Menschen formt. Die anspruchsvolle Arbeit mit Tabak erfordert spezielle Verfahren. Beim Rollen zum Beispiel erzählt jemand Geschichten. Früher wählte man hierzu Sagen wie die über König Arthur. Als ich dort war, hörte ich jedoch die Lebensgeschichten von Lenin, Marx und andere Erzählungen über politische Revolutionen. Im einen wie im anderen Fall ging es darum, den Arbeitern zu helfen sich zu konzentrieren, damit das Resultat perfekt würde. Dieses Produktionssystem bot einen unglaublichen Anblick!

Außerdem verbrachte ich vierzig Tage auf La Réunion, der Parfüminsel. So lernte ich, wie Vetiver- und Geraniumessenz hergestellt, wie Vanille verpackt wird. Ich ging morgens mit den »kleinen Bauern von oben« – den Bewohnern des oberen Teils der Insel – los und kehrte abends mit ihnen zurück. Ich lebte vor Ort in den Dörfern

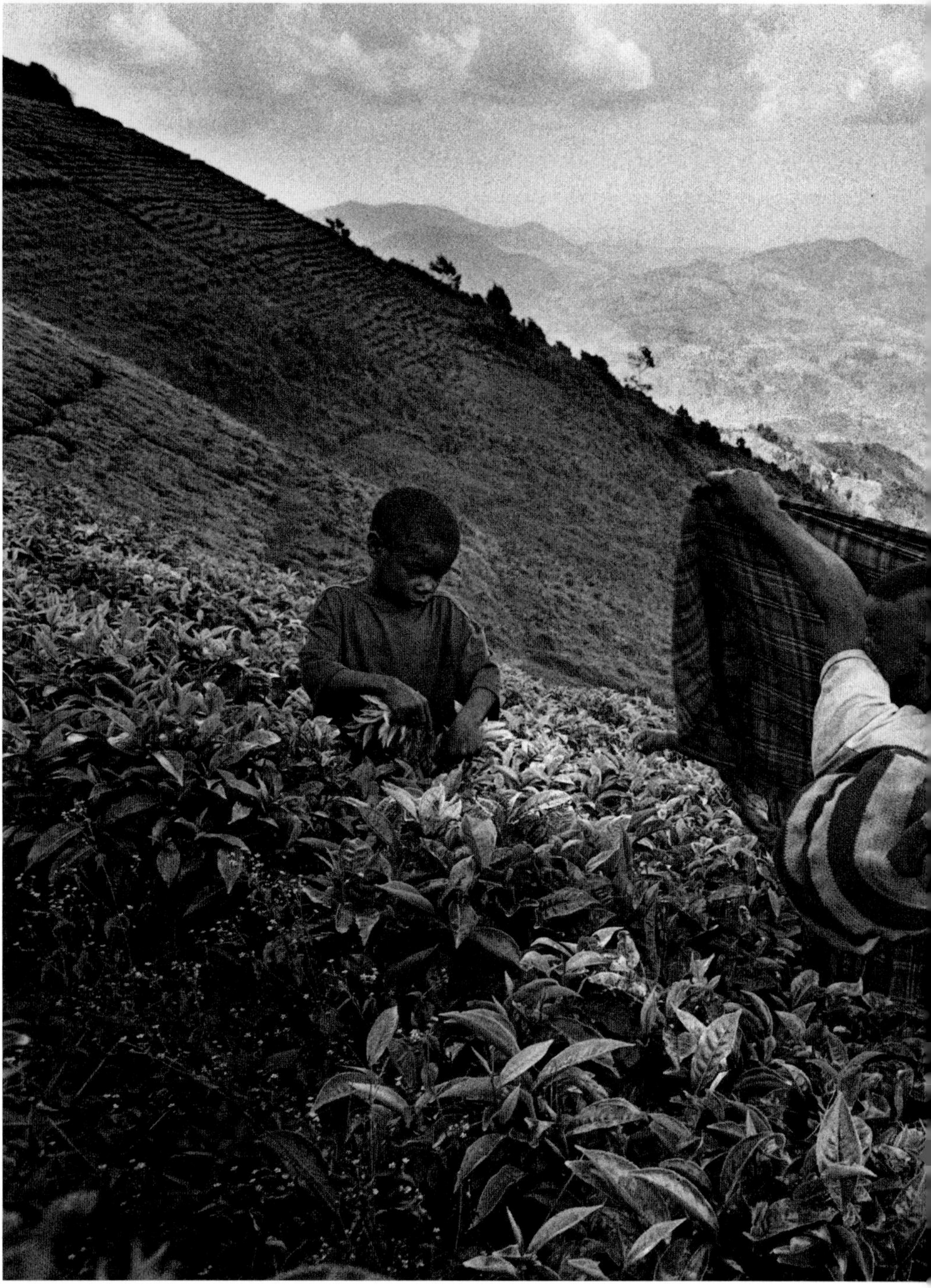

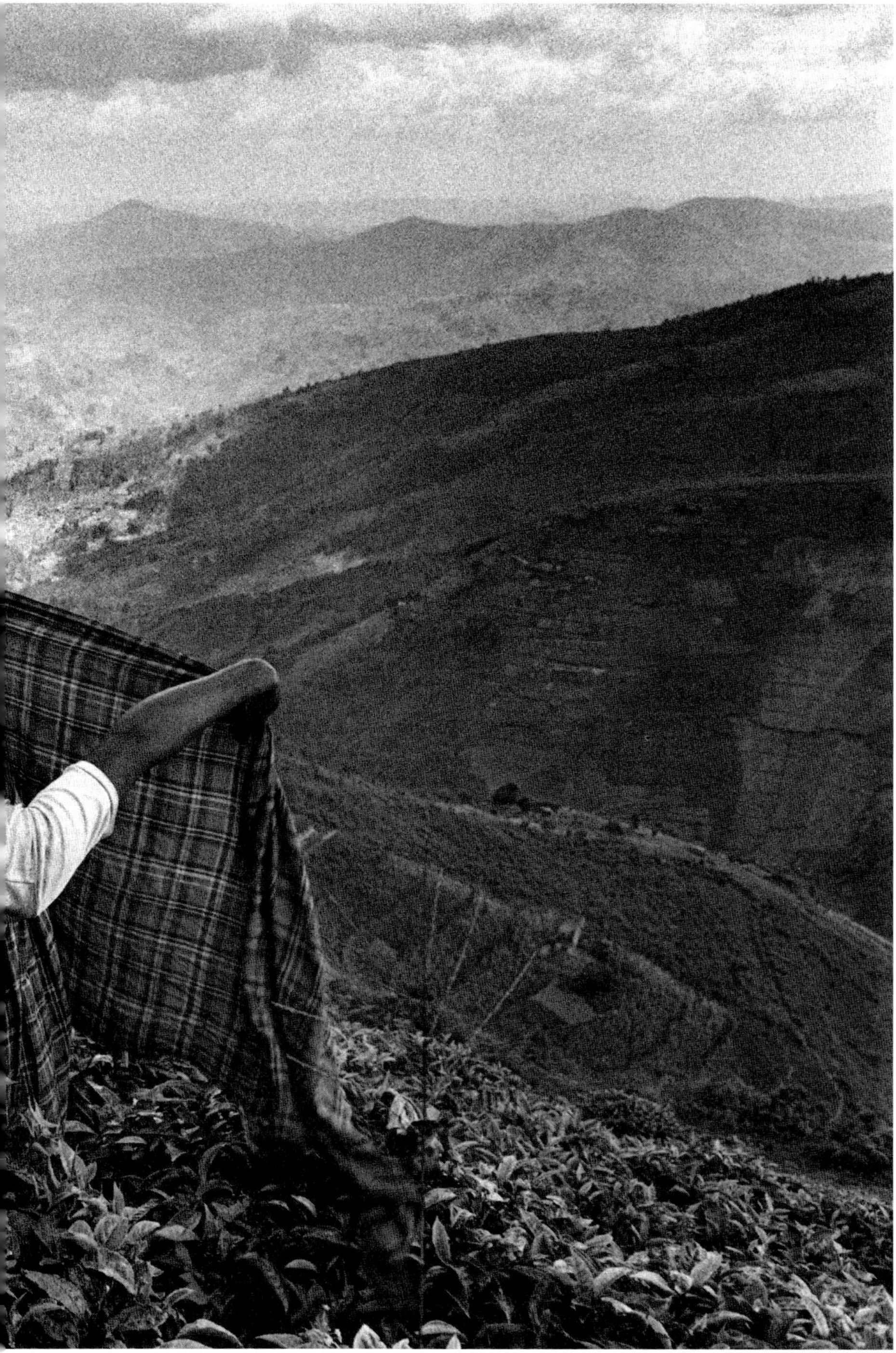

Teepflücker auf der Plantage. Ruanda, 1991.

und mietete mich bei den Dorfbewohnern ein. In allen Ländern und in allen Arbeitsbereichen, nahm ich mir Zeit. Tagelang blieb ich bei Thunfischfängern in Sizilien, beobachtete die Gesten der Erntearbeiterinnen am Galizischen Meer, betrachtete die Frauen, die mit völlig verhüllten Gesichtern am Kanal in Rajasthan arbeiteten, folgte den Ölarbeitern in die Hölle eines Ölvorkommens in Kuwait. Mit allen sprach ich stundenlang und versuchte, sie zu verstehen. Irgendwann wurde ich ihnen vertraut und am Ende fast Teil ihrer Umgebung.

Auf den Reportagereisen konzentrierte ich mich stets auf die Großindustrie, egal um welchen Sektor es sich handelte. Ich wollte das Ende einer industriellen Welt zu erzählen, die massiv Arbeitsplätze geschaffen und zu der man leicht Zugang erhalten hatte. So reiste ich 1989 nach China, um die großen Produktionsstätten zu sehen. Das war zur Zeit der Niederschlagung der Proteste auf dem Tian'anmen-Platz in Peking. Aber ich war schon vorher dort gewesen, war also bekannt. Ich stieß beim Fotografieren in diesem Land nie auf Schwierigkeiten, bestimmt weil ich Brasilianer bin: Brasilianer haben den Chinesen noch nie Angst gemacht, weil sie außerhalb der Logik des Kalten Krieges standen. Ich erhielt die Einreise-Erlaubnis stets problemlos, ebenso, wenn ich in die Sowjetunion reisen wollte. Es genügte, lange im Voraus zu planen und der Logik des Systems zu folgen: abzuwarten, während mein Antrag durch die ganze Verwaltung reiste, in der niemand wagte, von seinem Widerspruchsrecht Gebrauch zu machen, wenn nicht sein erster Vorgesetzter es tat.

Die Reportageserie führte mich auf einen Schlachthof in Dakota, im Süden der Vereinigten Staaten. Es war schrecklich: 1.000 Schweine wurden dort in einer Stunde und 2.000 Kühe an einem

Tag getötet! In fensterlosen Hallen wiederholten die Arbeiter unermüdlich die gleichen blutigen Gesten. Der Gestank war unerträglich. Am ersten Tag war es mir nicht möglich, auch nur ein einziges Foto zu machen, da ich mich ständig übergeben musste. Der Anblick der industriellen Wurstproduktion hat mir Hotdogs für immer verleidet. Die Angestellten wurden recht gut bezahlt, aber es ist einer der schwersten Fließbandberufe, die mir je begegnet sind.

Auf Java, einem kleinen Paradies, sah ich, wie Menschen mehr als 50 Kilometer zu Fuß gingen, hin und zurück, durch Reis- und Nelkenplantagen, durch den Regenwald und hinauf auf 2.300 Meter Höhe, um auf der anderen Seite wieder 600 Meter hinunterzugehen. So gelangten sie ins Innere des Vulkans Kawah Ijen, einem großen Lieferanten für Schwefel. Wegen der toxischen Dämpfe, wahren Giftwolken, durfte man nicht durch die Nase atmen, sondern nur durch den Mund. Als einzigen Schutz stopften sich die Arbeiter ein Stück Tuch in den Mund, und mit der Zeit waren ihre Zähne ruiniert. Jeder füllte einen Korb mit 70 bis 75 Kilo Erz, obwohl sie selbst keine 60 Kilo wogen. Sie befestigten zwei Körbe an jeder Seite einer Bambusstange und kletterten so die 600 Meter hoch, die sie vom Ausgang des Kraters trennten. Das dauerte etwa zwei Stunden, dann rannten sie den Abhang des Vulkans hinunter, da das Gewicht der Körbe sie sonst erdrückt hätte. Es war hochgefährlich. Manche kugelten sich die Kniescheiben aus. Sie erhielten damals 3,50 Dollar pro Weg. Danach ruhten sie zwei Tage lang, um sich zu erholen, sodass sie am Ende des Monats nur so viel verdient hatten, dass es gerade so zum Überleben reichte. Eindrückliche Erinnerungen habe ich auch an die Zeit in den Gold- und Kohleminen.

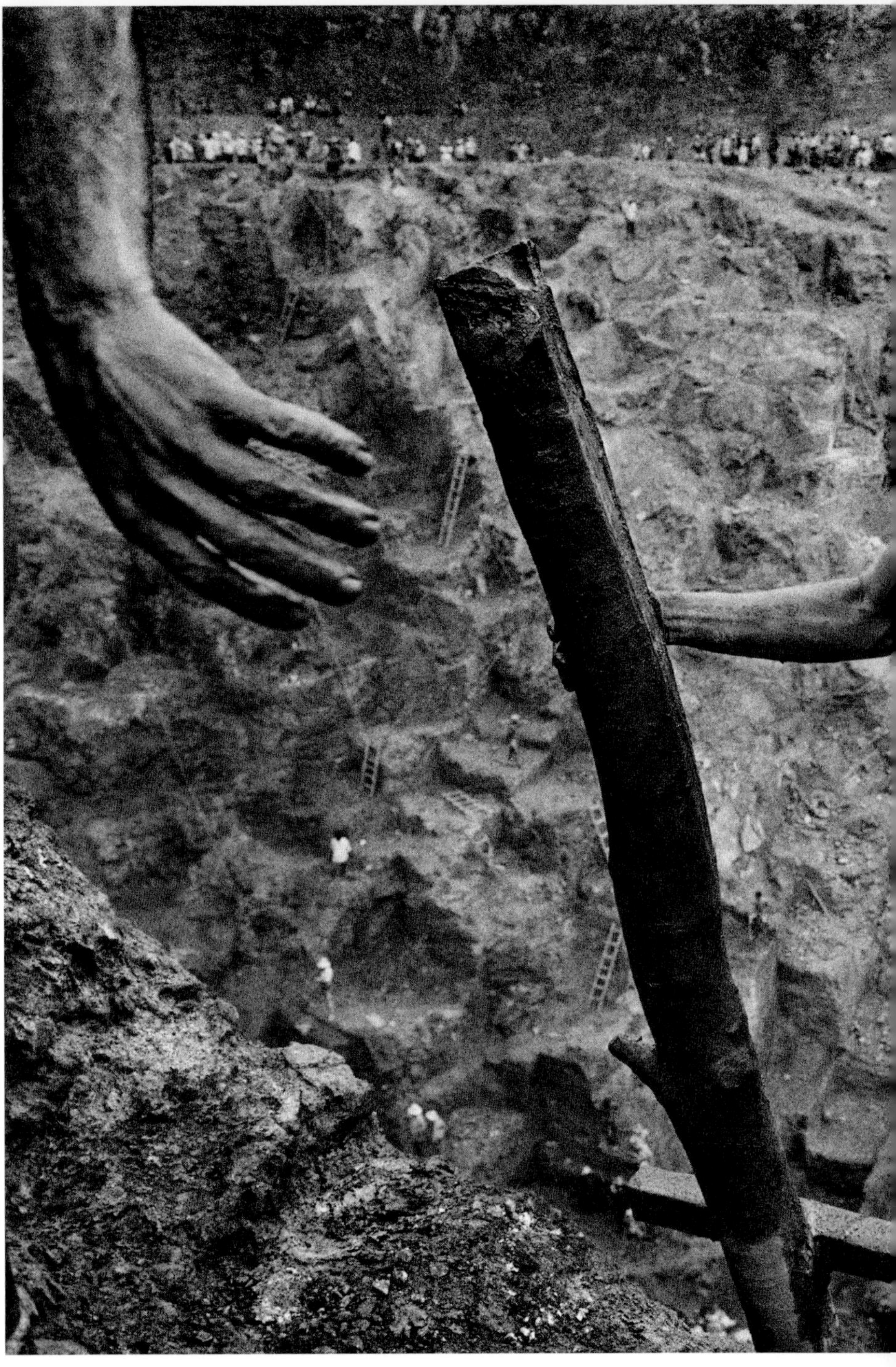

In der Goldmine der Serra Pelada. Bundesstaat Pará, Brasilien, 1986.

© Sebastião Salgado / Arbeiter

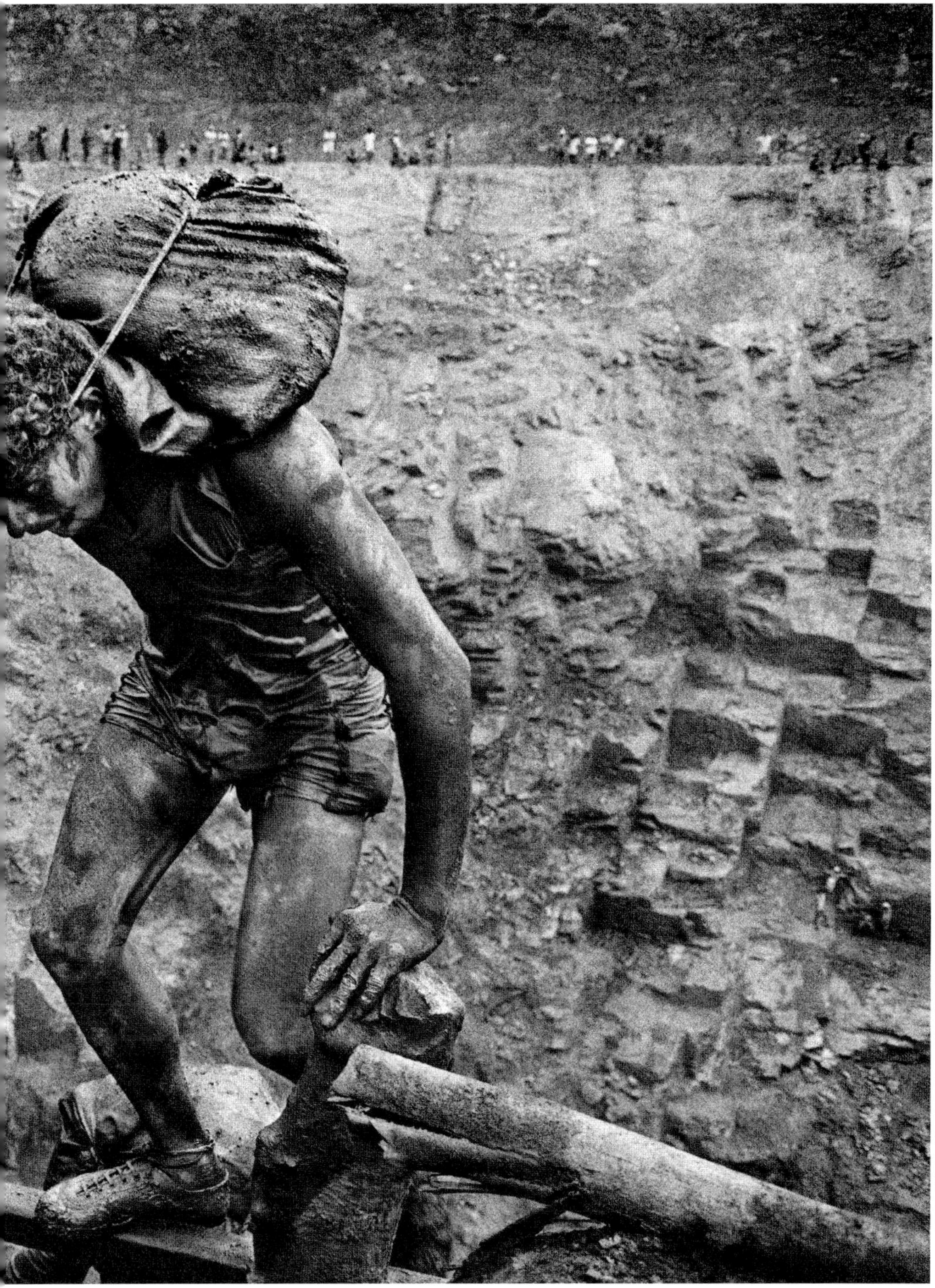

12

Die Welt der Minen

Die Goldmine der Serra Pelada im Bundesstaat Pará im Norden von Brasilien wurde 1980 entdeckt. Es kam zum Goldrausch. Ich wollte dabei sein, aber die Mine wurde von der Bundespolizei verwaltet, und da ich in der Kartei des Nationalen Nachrichtendienstes SNI als Oppositioneller verzeichnet war, wurde mir der Zugang verwehrt. 1986, als die Verwaltung der Mine an die Kooperative der Minenarbeiter überging, erhielt ich endlich die Erlaubnis dorthin zu fahren. Ich wurde von einem alten Freund meines Vaters dort eingeführt, einer von Tausenden von Teilhabern. Die riesige Mine war in 2.000 oder 3.000 Konzessionen für 2 mal 3 Meter aufgeteilt worden. Jeder Teilhaber beschäftigte 15 bis 20 Personen: Lohnarbeiter, Aufseher, Transporteure usw. Als ich dort war, waren bereits 70.000 Kilo Gold abgebaut worden.

Am Tag meiner Ankunft fragte mich ein Minenarbeiter, woher ich käme. Ich antwortete: »Vom Rio Doce«, denn das ist der Name des Tals, in dem ich geboren bin. Ohne dass ich es merkte, verbreitete sich in der Mine sogleich das Gerücht, dass ich von der Firma Vale do Rio Doce geschickt sei, dem gesetzlichen Konzessionsinhaber. Diese Firma, die heute Vale heißt, verdankt ihren Namen meinem Geburtsort, wo sie die größten Eisenminen der Welt besitzt. Damals begann sie, die Eisenvorkommen im Bundesstaat Pará auszuschöpfen. Während sich das Gerücht bereits heimlich verbreitete, entdeckte ich unter meinen Füßen ein Loch, so groß wie das Stade de France[1]. Etwa 50.000 Menschen arbeiteten gleichzeitig darin, in 70 Metern Tiefe, ohne ein einziges mechanisiertes Werkzeug. Ihre Körper sahen aus wie aus Schlamm geformt. Während ich all diese Gestalten betrachtete, die die Erde mit Spitzhacken bearbeiteten und sie mit den Händen hervorholten, glaubte ich das Flüstern des Goldes zu hören.

Plötzlich hörte der Lärm auf. Alle Augen waren auf mich gerichtet. Mit meinem hellen Teint und der hellen Kleidung – ich trage zum Arbeiten immer Khaki – stach ich zwischen den tausend sonnengebräunten Gesichtern und ockergelben Gestalten hervor. Dann begannen sie alle, ihre Werkzeuge gegeneinander zu schlagen, sodass ein gewaltiger Krach entstand. Ich begriff nichts, also nahm ich meine Kameras und begann zu fotografieren. Nach und nach nahmen sie die Arbeit wieder auf.

Ich stieg in die Mine hinab. Noch bevor ich unten angekommen war, war ich schlammbedeckt, von meiner Kleidung bis zu den Riemen meiner Kameras, da ich im Vorbeigehen immer wieder angerempelt wurde. Ich fühlte die Spannung in der Luft, die feindseli-

1 Das Stade de France liegt in Saint-Denis, einer Vorstadt im Norden von Paris. Es fasst über 81.000 Zuschauer und ist damit das größte Stadion Frankreichs.

gen Blicke. Niemand sprach mit mir, ich verstand nicht warum und fragte mich, wie ich einen ganzen Monat in dieser Atmosphäre verbringen sollte. Unten begegnete ich einem der Polizisten, der die Mine überwachte – nicht wegen der Diebstähle, solche Probleme gab es nicht, sondern um für geordnete Arbeitsabläufe zu sorgen und Prügeleien zu verhindern. Der Bulle sagte zu mir: »Gringo, zeig mir deinen Ausweis.« Ich entgegnete, dass ich nichts zu zeigen hätte, da ich Brasilianer sei. Damals hatte ich noch Haare, sie und sogar mein Bart waren hellblond. Der Polizist schaute mich an und bestand auf seiner Forderung. Als ich mich erneut weigerte, legte er mir Handschellen an und zog mich daran mit sich. Da stiegen mir die Tränen in die Augen. Als sie sahen, dass die Polizei mich angriff, verstanden die Arbeiter sofort, dass ich kein Spion der Firma Vale war. Ich wurde in eine Baracke gebracht, wo ich mich einem Beamten erklären musste. Als er den Irrtum bemerkte, entschuldigte er sich und ließ mich gehen. Ich stieg sofort wieder in die Mine hinab und wurde dort mit stürmischem Beifall empfangen! Letztendlich hatte der Polizist mir einen riesigen Gefallen getan: Von da an war ich in der Mine wie zu Hause, ich konnte überall hingehen und ungehindert fotografieren. Mehrere Wochen lebte ich mit den Minenarbeitern zusammen, in den Baracken des alten Freundes meines Vaters, der mich seit meiner Kindheit kannte.

Meine Fotos der Goldmine sind recht bekannt. Es ist immer beeindruckend, so viele Menschen Seite an Seite in diesem gewaltigen Loch unter freiem Himmel arbeiten zu sehen. Die Aufnahmen vermitteln den Eindruck sehr anstrengender Arbeit und können ein gewisses Mitgefühl für die Minenarbeiter wecken. Aber die Kerle arbeiteten dort alle freiwillig. Sie waren keine Sklaven, außer vielleicht auf gewisse Weise Sklaven ihres Wunsches, sich zu bereichern. Ihr Traum, reich zu werden, hatte sie dorthin geführt. Manche höhlten ein Leben lang die Mine aus, ohne je auf Gold zu stoßen. Aber wer eine Ader fand … Stoßen die Minenarbeiter beim Graben auf eine Goldader, sehen sie, dass sich die Farbe der Erde verändert. Um dieses wertvollere Mineral abzubauen, benutzten die Minenarbeiter der Serra Pelada dann nicht mehr die gewöhnlichen Säcke, sondern weiße oder blaue. Zusätzlich zu seinem Lohn durfte der Entdecker der Ader einen blauen oder weißen Sack voller Erz aus dieser Ader auswählen. Wenn er das Erz im Innern siebte, konnte er fünf Körner oder auch fünf Kilo Gold darin finden. Es war ein Glücksspiel.

Unter den Arbeitern begegnete ich allen Arten von Individuen. Manche konnten weder lesen noch schreiben, andere hatten die Universität besucht. Alle waren Abenteurer, so wie die, die beim Goldrausch in Kalifornien oder Alaska dabei waren. Sie betrachteten die Polizisten der Mine wie Lakaien, die ihre Macht missbrauchten, weil sie ein Gewehr in der Hand hielten.

Es war ein richtiger Klassenkampf. Wenn es zu Streit kam, zögerten die Polizisten nicht zu schießen, manchmal zu töten. Doch die anderen steinigten sie dann mit Eisenerzbrocken, schwerer als Granit.

Die Arbeiter wohnten alle vor Ort in Baracken, in denen sie in Hängematten schliefen. Zusätzlich zu ihrem Lohn wurden sie recht anständig verköstigt, mit viel Fleisch, Maniok, Reis und Gemüse. In den Baracken des Freundes meines Vaters aßen der Chef und die Angestellten alle das Gleiche. Alkohol war verboten und es gab innerhalb von 40 oder 50 Kilometern Umkreis keine Frau. Unterschwellig gab es große Gewaltbereitschaft. Aber ich sah auch Zärtlichkeit. In der Mine gab es wie überall auch Homosexuelle. Unter den 50.000 Männern hatte sich sogar eine homosexuelle Organisation gebildet: eine Art kleine Korporation, die für einen Hauch Milde sorgte. Eines Tages traf ich einen Minenarbeiter, einen harten Kerl mit Messerspuren im Gesicht. Als wir uns unterhielten, sagte er: »Sebastião, du hast so ein Glück, du lebst in Paris. Wenn ich Gold finde, ist es mein Traum, dorthin zu gehen, um mir Brüste aus Silikon machen zu lassen, dort gibt es die schönsten.« Ich fand das phänomenal: In diesem harten Minenleben war er Sklave seines Traums, schöne Silikonbrüste zu bekommen. Das war so unerwartet, dass ich lächeln musste.

Als die Minen mit Maschinen ausgestattet wurden, hatte das horrende Folgen. 1989 fotografierte ich in der Region Dhanbad in Indien. Dort rackerten sich 150.000 Minenarbeiter damit ab, Kohle abzubauen. Sie wechselten sich Tag und Nacht in Stollen ab, in denen es bis zu 55 Grad heiß wurde. Bis zum Zweiten Weltkrieg waren diese Minen von den Engländern genutzt worden. Sie hatten sehr gute Kohle für die Stahlproduktion geliefert. Dann hatten die Engländer die Stollen zurückgelassen, ohne sie richtig zu verschließen. Durch die Luftzirkulation war an manchen Stellen unter der Erde Feuer ausgebrochen. Als ich dorthin kam, brannten die Eingeweide der Erde bereits seit Jahren. Überall war Rauch, und wenn man durch das Dorf ging, sah man an manchen Stellen Absenkungen. Doch lebten von der Mine sämtliche Bewohner der Region, etwa 400.000 Menschen. Sie hatten alle ein kleines Stück Land, das die Frauen bestellten, während die Männer in der Mine arbeiteten oder umgekehrt. Manchmal arbeitete die ganze Familie in der Mine, denn dort wurden ungelernte Arbeitskräfte beschäftigt, insbesondere für die Arbeit an der Oberfläche. Damals begann man damit, mithilfe riesiger russischer Tagebaubagger, wahre Monster, die Erdmengen in der Größe von Häusern ausgraben und transportieren konnten – offene Gruben zu schaffen. Zweifellos war das das Ende einer Ära.

Jahre später kehrte ich für meine Reportagen zur Migration in die Region Bihar zurück. Ich wollte sehen, welche Veränderungen die industrielle Umstrukturierung bei der Bevölkerung herbeigeführt hatte. Die Arbeitskräfte waren durch große Maschinen ersetzt worden, die Mine beschäftigte nur noch Mechaniker und anderes ausgebildetes Personal. Es wurden nicht mehr Hände, sondern technische Kompetenz gesucht. Viele Leute ohne Ausbildung waren arbeitslos. Nachdem sie ihr Stück Land verloren hatte, sammelte sich die verarmte Bevölkerung in den Städten, die sich dadurch gewaltig ausdehnten. Zuweilen sah ich Familien, die nachts an den Rand der Mine kamen, um Brennmaterial zu sammeln. Um zu überleben, stahlen einige Dinge von dem Ort, der einst ihr eigener Grund und Boden gewesen war. Die ehemaligen Bauern, die zugleich in der Mine arbeiteten, wurden zu Proletariat, das sich in den Randgebieten der Städte ballte. Und zu nächtlichen Dieben, die von ihrem alten Besitz stahlen. Es sind menschliche Tragödien, die dem Verschwinden menschlicher Handarbeit in einem industriellen Prozess geschuldet sind. Von diesen wollte ich mit meinem Projekt »Exodus« erzählen.

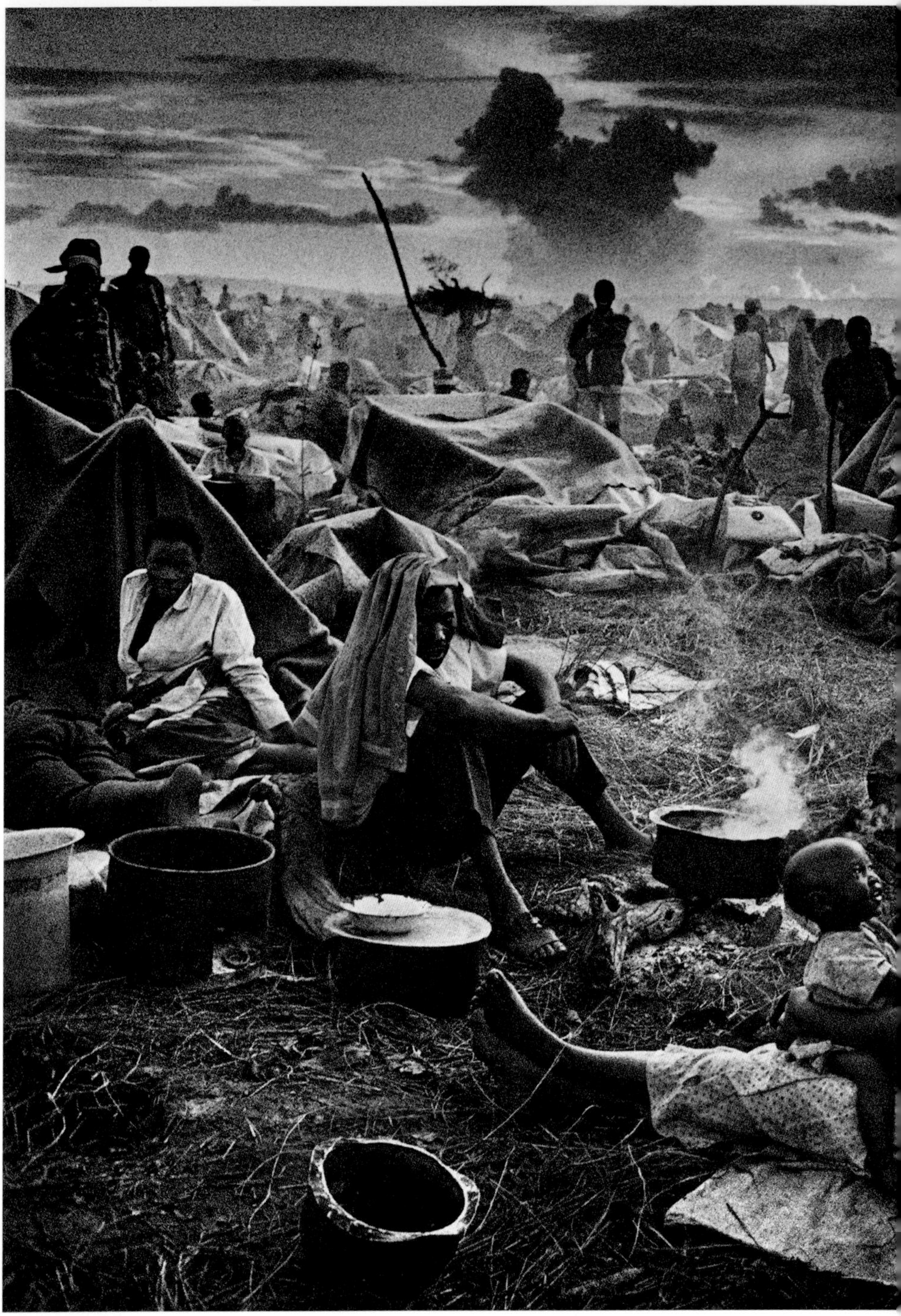

Ruandische Flüchtlinge in einem Auffanglager in Benako, Tansania, 1994.

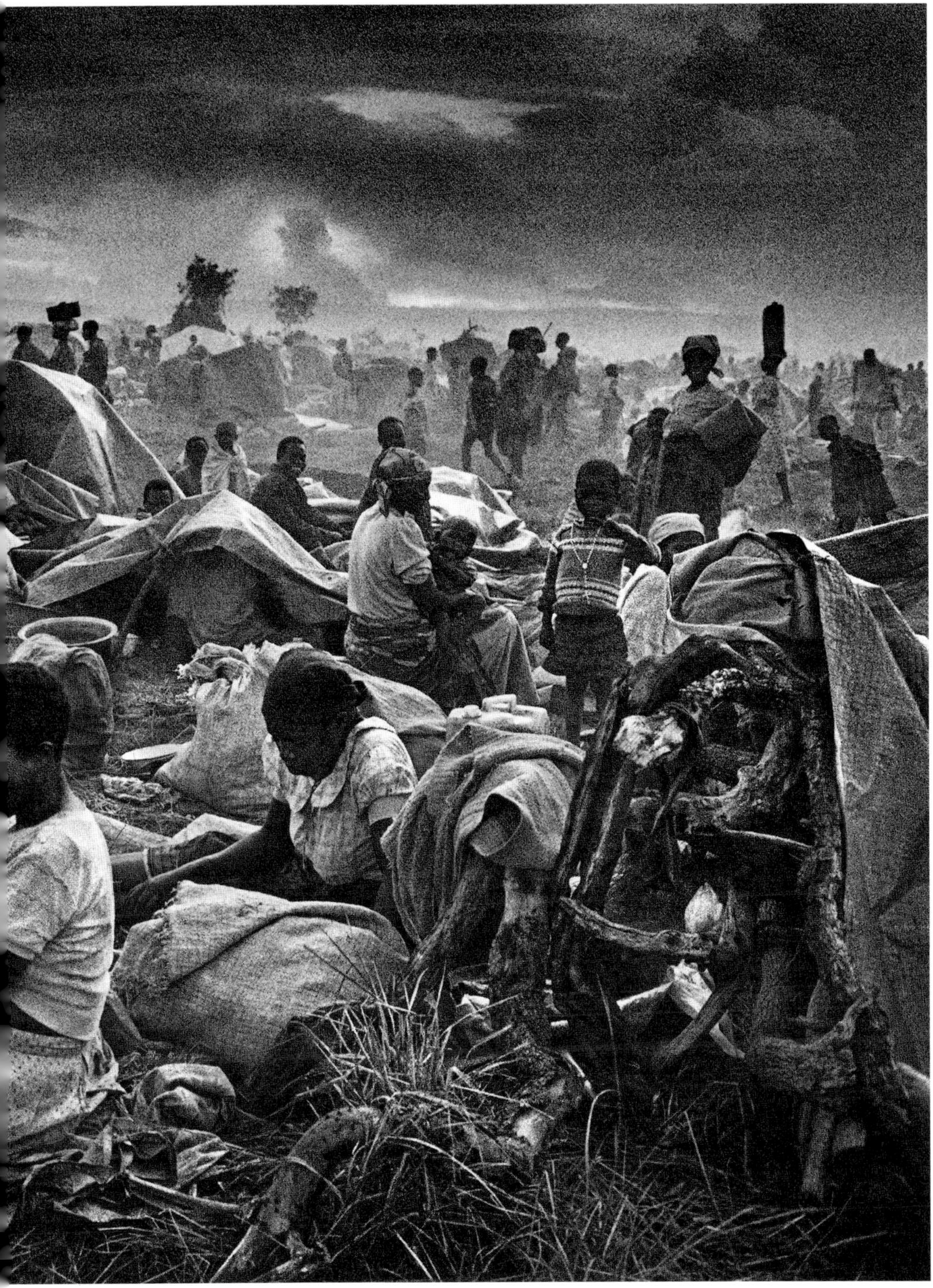

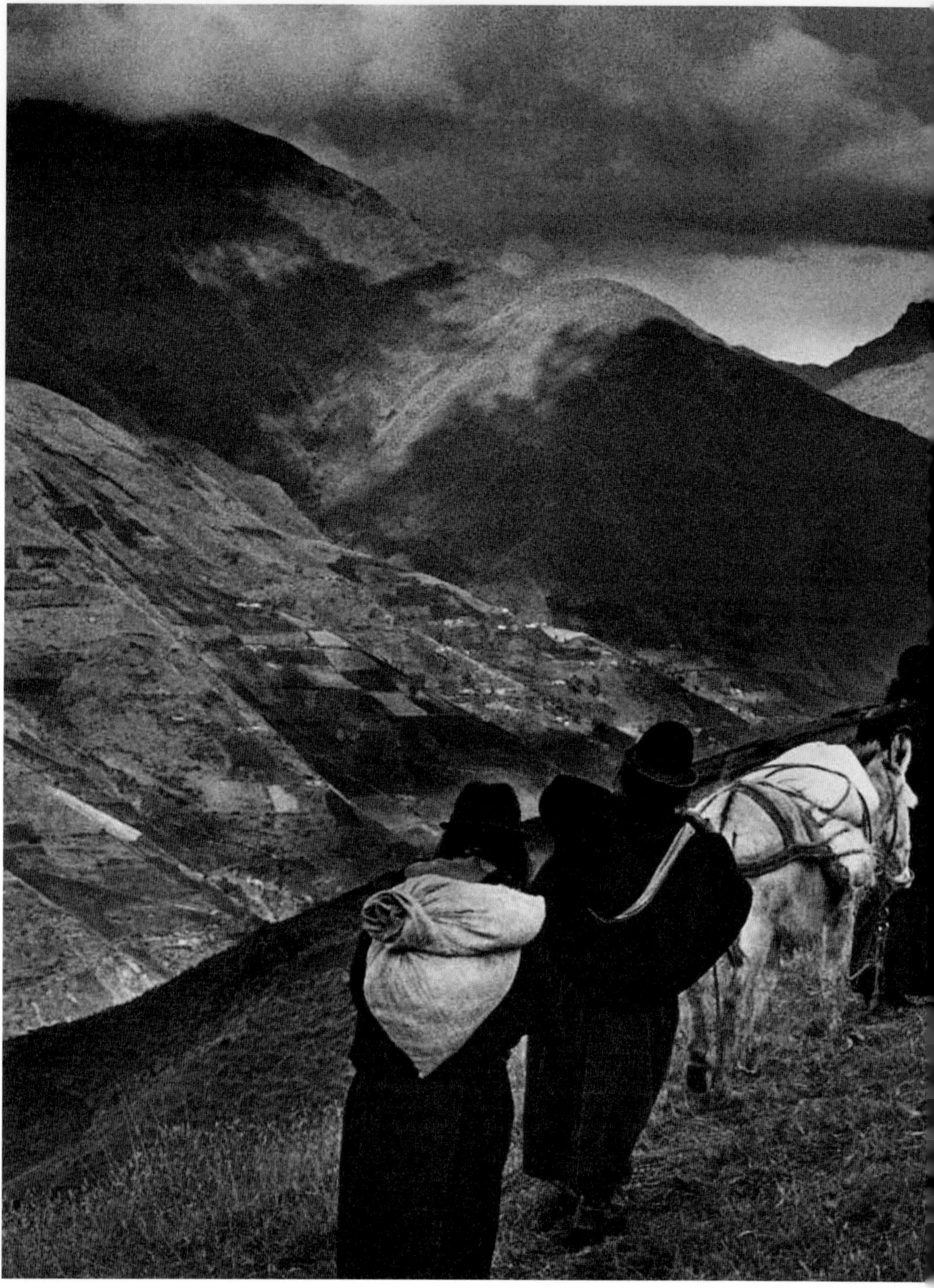

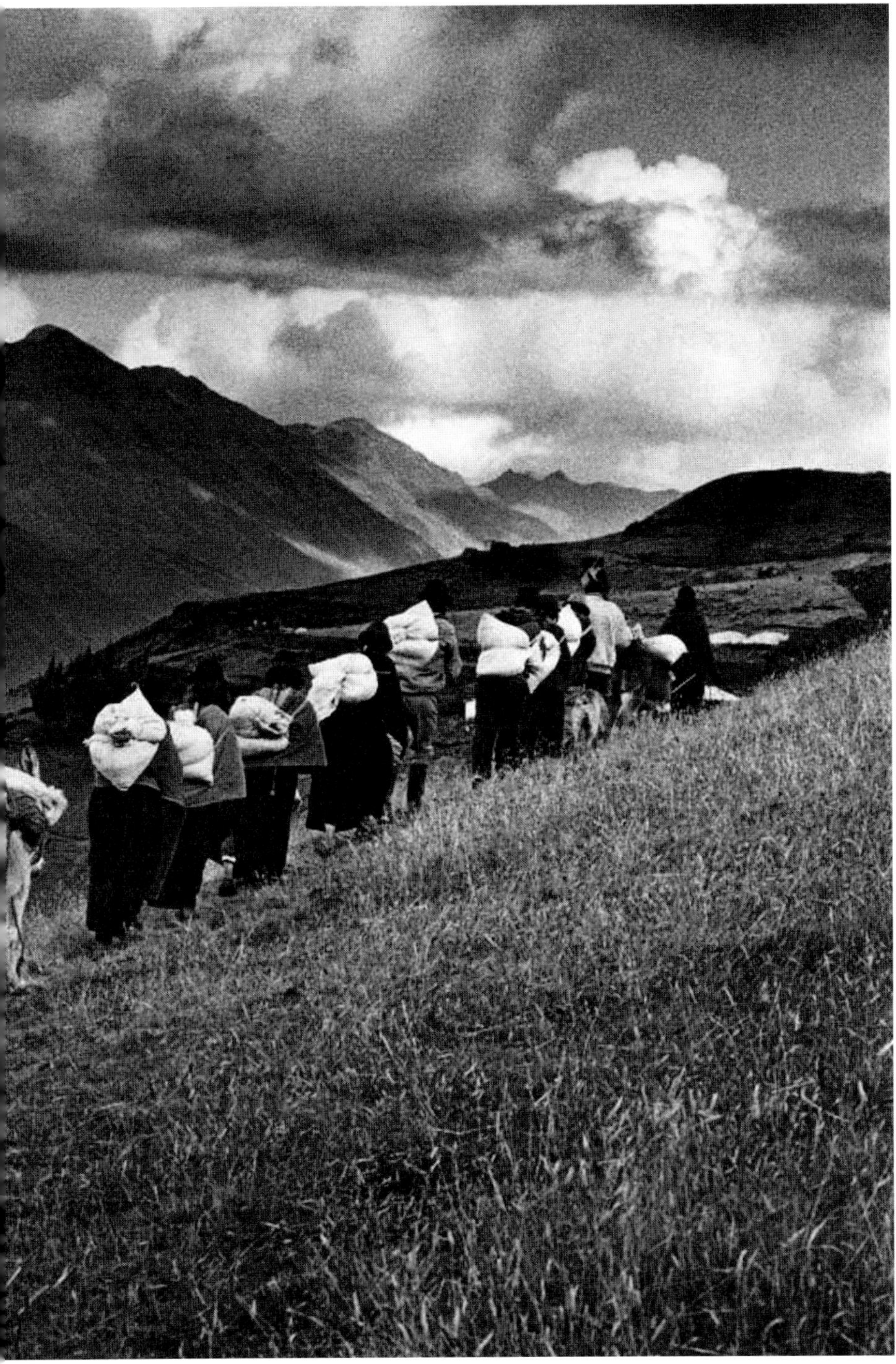

Die Männer sind in die Städte abgewandert, die Frauen transportieren ihre landwirtschaftlichen Erzeugnisse zum Markt in Chimbote. Region Chimborazo, Ecuador, 1998.

13

»Exodus«

Im Jahr 1993 veröffentlichten wir das Buch »La main de l'homme«. Während wir Ausstellungen in verschiedenen Museen weltweit organisierten und ich Vorträge hielt, um meine Erfahrungen zu teilen, begann ich mit Lélia eine neue Geschichte zu ersinnen: die der Umstrukturierung der menschlichen Familie, orchestriert durch die Veränderungen in der Industrie und die drastische Beschleunigung der Produktion.

In Bihar stellte ich das Gleiche fest wie andernorts: Die Auslagerung der großen Produktionsstätten des Westens in die armen Länder, wo Arbeitskräfte billig sind, hatte Zentren wirtschaftlichen Wachstums geschaffen, die für gewaltige Völkerwanderungen sorgten. Ich kenne die heutigen Statistiken nicht im Detail, aber in der ersten Hälfte der 1990er-Jahre zogen auf der ganzen Welt jedes Jahr zwischen 150 und 200 Millionen Menschen vom Land in die Stadt. Diese Bewegung war dabei, den Planeten völlig zu verändern. Viele der urbanen Katastrophen, die wir heute in den südlichen Ländern erleben, sind den globalen Verschiebungen der Industriesysteme geschuldet. Sie führten zur neuen Konsumgesellschaft der Entwicklungsländer, zur Beschleunigung der Billigproduktionen, zu einer Bevölkerungskonzentration, zur Entstehung von Riesenstädten. Zum ersten Mal in der Geschichte lebte die Mehrheit der Menschen in der Stadt und der Großteil der neuen Städter lebt sehr schlecht.

Die billigen Arbeitskräfte leben in Elendsvierteln, die überall dasselbe Bild bieten. Ob in den Favelas in São Paulo oder in den *»ciudades perdidos«*, den verlorenen Städten in Mexiko: Man sieht die gleichen Holz- oder Blechhütten, in denen sich ganze Familien drängen. Kinder spielen inmitten von Müllhalden. Überall auf der Welt rotten sich die Kinder zusammen, um Kleber zu schnüffeln oder Crack zu rauchen; wo immer sie auch sind, alle Armen sehen am Ende gleich aus.

Überall auf der Welt werden die Menschen aus nahezu den gleichen ökonomischen Gründen vertrieben. Diese Faktoren kommen einer Minderheit zugute, während die Mehrheit verarmt. Und die daraus entstehende Überbevölkerung verstärkt die gleichen Probleme: unsichere Lebensumstände, Gewalt, Epidemien …

Wir standen am Übergang zum dritten Jahrtausend, und ich wollte diese umgesiedelten Menschen zeigen und ihre Integrationsbereitschaft würdigen, ihren Mut angesichts ihrer Entwurzelung, ihre unglaubliche Anpassungsfähigkeit in oft schwierigen Situationen. Ich wollte zeigen, dass sie alle auf ihre eigene Art und Weise der Welt ihren Unternehmergeist und ihre Vielfalt zur Verfügung stellen. An der Schwelle zum 21. Jahrhundert versuchte ich zu zeigen, dass es notwendig ist, die menschliche Familie neu zu bilden – auf der Grundlage von Solidarität und brüderlichem Teilen.

Ich traf Organisationen, die auf diese Themen spezialisiert sind und mit Emigranten arbeiten, wie die IOM [1] mit Sitz in Genf, die UNHCR, UNICEF usw. Irgendwann kam es zu der Entscheidung, die Geschichte aller Volksgruppen zu erzählen, die durch wirtschaftliche, aber auch religiöse, klimatische oder politische Gründe gezwungen waren, ihre Heimat zu verlassen. Wir tauften das Projekt »Exodus«.

Es schien uns umso notwendiger, diese Geschichte zu erzählen, da wir unsere persönliche Geschichte darin wiedererkannten. Offiziell hatte ich Brasilien verlassen, um in Frankreich mein Studium fortzusetzen, aber als mein Pass ablief, als die brasilianische Regierung sich weigerte, ihn zu verlängern, verwandelte ich mich faktisch in einen Flüchtling. Ich erhielt am Ende die französische Staatsbürgerschaft, genauso wie Lélia und unsere Kinder, aber im Gegensatz zu unseren in Frankreich geborenen Söhnen werde ich nie ein echter Franzose sein, sondern immer ein Emigrant. Ich kenne das Exil, ich weiß, was es bedeutet, sein Land zu verlassen. Ich kenne die Angst, ohne Papiere leben zu müssen, und fühle mich denen verbunden, die weit weg von ihrer Heimat versuchen, ein neues Leben aufzubauen – dem Kellner aus El Salvador in einem Restaurant in Manhattan, dem indischen Gewürzhändler in England oder dem senegalesischen Arbeiter auf einer Pariser Baustelle.

1 Internationale Organisation für Migration

Sechs Jahre lang, in denen ich zahlreiche Länder besuchte, von Indien über Irak bis Lateinamerika, war ich für »Exodus« im Einsatz. Ich reiste an viele Orte, die ich bereits kannte, angefangen mit Brasilien. Und überall stimmte es mich tieftraurig feststellen zu müssen, dass sich die Lebensbedingungen verschlechtert hatten. Ich besuchte Riesenstädte und ihre Slums, asiatische Tentakelstädte wie Shanghai, Djakarta oder Bombay, wo sich immer mehr Migranten auf der Suche nach Arbeit drängen. Ich sah Inseln des Reichtums in einem Meer der Armut. Ich werde nie Manila vergessen, wo es private Golfplätz gab, während es in den Straßen von bettelarmen Kindern wimmelte. Ich erinnere mich auch an all die Vietnamesen, die stundenlang vor der Botschaft der USA in Ho-Chi-Minh-Stadt[2] anstanden, um Visa zu beantragen. Und an die in Hongkong oder auf der indonesischen Insel Galang gestrandeten »boat people«. Ich sah überfüllte Boote mit Afrikanern, die versuchten, unbemerkt nach Spanien zu kommen, um dort Arbeit zu finden. All diese Migranten habe ich fotografiert. All diese Menschen, die die Strapazen auf dem Landweg auf sich nehmen oder sich in ein Boot quetschen und versuchen, andernorts eine bessere Existenz zu finden und die dabei oft ihr Leben riskierten.

Ich traf auch Katastrophenopfer, wie die Einwohner von Honduras, deren Dörfer 1998 durch den Hurrikan Mitch zerstört worden waren. Die Menschen in diesen Gegenden hatten schon zuvor Stürme erleiden und mitansehen müssen, wie ihre Häuser von Schlammmassen mitgerissen wurden. Doch bisher hatten die Wur-

2 Das ehemalige Saigon

zeln der Bäume das Erdreich festgehalten. Dieses Mal hatte die Abholzung, die Hand des Menschen, die Katastrophenbilanz verschlimmert.

Ich besuchte bedrohte Völker, wie die Kurden im Irak. Ich ging in die Flüchtlingslager in Afghanistan und andernorts. Im Gegensatz zu den Migranten träumen Flüchtlinge nicht von einem besseren Leben. Es ist die Angst vor Unterdrückung oder einem Krieg, die sie von zu Hause forttreibt. Danach versuchen sie, sich anzupassen so gut es geht. Manche bleiben für immer, wie die Palästinenser im Libanon. Viele kehren am Ende nie mehr in ihre Heimat zurück und bleiben Migranten.

Ich reiste auch ins Balkangebiet. Dort traf ich auf orientierungslose Menschen, die von kriegstreiberischen und verlogenen Anführern gegeneinander aufgewiegelt worden waren. Millionen ehemaliger Jugoslawen wurden zu Kroaten, Serben und Bosniern, die sich feindlich gegenüberstanden und gezwungen waren, die Orte zu fliehen, an denen sie ihr Leben lang gewohnt hatten. Dort begegnete ich auch bedrohten Zigeunern. Ich sah den Exodus der Albaner und der Kosovaren mit an. Die Ähnlichkeit all dieser Fälle begann mich zu deprimieren.

Durch meine Reportagen wurde ich mit den Opfern unserer Welt auf unmittelbare Weise konfrontiert und mit den verschiedenen Systemen, die sich im Grunde sehr ähneln und letztendlich miteinander verbunden sind. Diese Menschen durchlebten eine schlimme Zeit, manchmal die schlimmste ihres Lebens. Dennoch akzeptierten sie es, dass ich sie fotografierte. Ich glaube, sie wollten, dass ihr Unglück bekannt wurde.

Die Geschichte, die ich auswendig zu kennen glaubte, ließ mich am Ende tief erschüttert zurück, was meine Gefühle und meine Überzeugungen betraf. Im Laufe meiner verschiedenen Reportagen war ich Zeuge von so unendlich viel Elend geworden, dass ich glaubte, ich sei abgehärtet. Aber ich hatte nicht erwartet, so viel Gewalt, so viel Hass und Brutalität zu begegnen. Ich hatte nicht gedacht, dass es in Europa noch zu ethnischen Säuberungen kommen könnte – den Albtraum des Balkangebiets hätte ich mir beim besten Willen nicht ausmalen können. Die Massaker und der Völkermord, die ich schließlich in Afrika sah, stellten einen solchen Gipfel des Grauens dar, dass ich krank nach Hause zurückkehrte – zutiefst besorgt um die Zukunft der Menschheit.

14

Der lange Marsch von Mosambik

Im Jahr 1992 schlossen die Vereinten Nationen einen Friedensvertrag zwischen den beiden verfeindeten Parteien, die sich seit 1976 einen blutigen, totalen Bruderkrieg in Mosambik geliefert hatten. Glücklich über diesen Waffenstillstand beschloss ich einige Zeit später, die ehemalige portugiesische Kolonie im Süden von Afrika zu besuchen. Ich wollte dabei sein, wenn Hunderttausende Mosambikaner, die jahrelang in Flüchtlingslagern in Malawi, Simbabwe und Südafrika gehaust hatten, zurückkehrten.

Um die Lage wirklich zu verstehen, muss man bis zur Unabhängigkeit zurückgehen, die nach einem Jahrzehnt der Widerstandskämpfe 1975 durch die FRELIMO[1] erreicht worden war. Nachdem sie über die Portugiesen gesiegt hatte, setzte die FRELIMO eine marxistisch-leninistische Regierung ein. Der große südafrikanische

---

1 Frente de Libertação de Moçambique, »Mosambikanische Befreiungsfront«, war eine Befreiungsbewegung und ist seit 1977 eine politische Partei in Mosambik. Sie war die einzige Regierungspartei der ehemaligen Volksrepublik Mosambik. FRELIMO stellt bis heute die Regierung Mosambiks und ist Mitglied der Sozialistischen Internationale.

Nachbar, damals unter dem Joch der rechtsextremen Regierung, die die Apartheid verantwortete, geriet bei der Aussicht, eine solche Bewegung könnte die schwarze arbeitende Masse erfassen, in Panik und begann eilig einen Guerillakrieg in Mosambik. So erschuf und finanzierte Südafrika die RENAMO[2], die zu einer mächtigen Gegenbewegung wurde.

Wie zu Zeiten des Unabhängigkeitskrieges kontrollierten die einen das Land (RENAMO), die anderen die Städte (FRELIMO). Der Kalte Krieg hielt in den Konflikt Einzug, da die westlichen Staaten Südafrika unterstützten, während die UdSSR Mosambik beistand. Als die RENAMO in die Dörfer kam, um die Bevölkerung umzubringen, waren die meisten Erwachsenen auf den Feldern und die Kinder in der Schule. Jeder floh, wohin er konnte. Auf dieser Flucht wurden Familien auseinandergerissen, verloren sich. Wenn die RENAMO Kinder schnappte, nahm sie sie auf und machte sie zu Kindersoldaten. Es war eine Zeit unfassbarer Gewaltexzesse.

Am Ende des Bruderkriegs wurden die Flüchtlingscamps von humanitären Organisationen geleitet, wie der UNICEF, der WHO, MSF, UNHCR, IOM und der Nichtregierungsorganisation »Save The Children«, mit der ich zusammenarbeitete. Manche Lager beherbergten 5.000, manchmal 10.000 verlorene Kinder, andere die Erwachsenen und Familien. Porträtaufnahmen waren sehr nützlich, um den Eltern und Kindern zu helfen, sich wiederzufinden. Man musste vorsichtig sein, bevor man den heimkehrenden Erwachsenen Kinder übergab, denn manche versuchten, an die Klei-

2 Resistência Nacional Moçambicana, »Nationaler Widerstand Mosambiks«, gegründet 1975 mithilfe der weißen Minderheitsregierung Rhodesiens, des heutigen Simbabwe.

nen heranzukommen, um sie zu Sklaven zu machen. Die NGOs betrieben also ein aufwendiges »Family Tracing«. Durch die Familienzusammenführung konnten Tausende von Kindern schließlich nach Hause zurückkehren.

In den Wochen, die ich in den Flüchtlingscamps verbrachte, stellte ich fest, dass Menschen aus beiden Lagern, der RENAMO und der FRELIMO, dort zusammenlebten. Die einen wie die anderen waren von zu Hause vertrieben worden und mussten durch den Krieg Hunger leiden. Die verfeindeten Gruppen, die sich gerade einen Krieg von seltener Brutalität geliefert hatten, fanden sich in denselben Lagern wieder. Um ein Zusammenleben überhaupt zu ermöglichen, betrieben sie Exorzismus. Ich sah zu, wie sie in beeindruckenden Szenen gegen die Kriegsgeister angingen, mit Gewehren und zwischen die Zähne geklemmten Messern. Sobald alle Kriegsgeister vertrieben waren, blieb ein geeintes mosambikisches Volk zurück, das nach Hause heimkehren konnte. Es war sehr bewegend, unbegreiflich, sich in Bussen, Lastwagen oder zu Fuß mit all diesen Menschen wiederzufinden, die sich jahrelang erbarmungslos bekriegt hatten.

Ich begleitete diese Menschen über lange Strecken. Kilometer um Kilometer, von Malawi bis Mosambik. Dabei stellte ich fest, dass sie, während sie zusammengedrängt in den Lagern mit 50.000, 100.000 oder 200.000 Flüchtlingen gelebt hatten, einen beinahe städtischen Lebensstil geführt hatten. Es waren Leute vom Land, die in den vergangenen Jahren in Ansammlungen von Baracken gewohnt hatten, getrennt durch Gassen, die den lebendigen Straßen einer Stadt glichen. Es gab in den Lagern auch Schulen und ein kleines Krankenhaus. Im Laufe der Monate hatten sich die Landbewohner in Städter verwandelt. Als es Zeit war, nach Mosambik zurückzukehren, wollte die große Mehrheit nicht mehr auf dem Land leben. Sie bevölkerten also die anwachsenden Städte: Der Krieg hatte ihre Lebensweise tiefgreifend verändert.

Auf dem Marsch sah ich sehr grausame Szenen mit an, vor allem am Ufer des Sambesi. Ich erinnere mich an die Leute, die nachts ans Flussufer kamen, durstig, schmutzig, und sich ins Wasser warfen, ohne die in der Dunkelheit lauernden Krokodile zu sehen. Manche entkamen ihnen nicht. Es war schrecklich. Ich erinnere mich aber auch an eine unfassbare, lustige und zugleich dramatische Szene. Als wir die Brücke Dona Ana überquerten – die größte Flussbrücke der Welt, über 13 Kilometer lang, die an manchen Stellen vom Krieg beschädigt worden war –, traf ich auf eine Frau, die auf dem Rücken ihr Baby und in den Armen einen Haufen Beutel trug. Ich fragte sie, ob sie nach Vila de Sena auf der anderen Seite der Brücke ginge. Sie erklärte mir lachend, dass sie viel weiter gehen würde. Ich versuchte es also mit der Stadt Beira, 300 Kilometer entfernt. Sie antwortete: »Nein, ich gehe nach Maputo«, was bedeutete, dass sie noch 1.250 Kilometer marschieren würde, mit all ihrem Kram und ihrem Baby. Ich werde die Ruhe und Entschlossenheit dieser Frau nie vergessen, und ihren Mut. Ich bin mir sicher, dass sie ihr Ziel erreicht hat.

Ich kehrte mehrmals nach Mosambik zurück. Während eines Aufenthalts im April 1994 traf ich Lélia für ein paar Tage in Brasilien. Von São Paulo aus flog ich Anfang Mai über Südafrika wieder nach Maputo. Auf meinem Zwischenstopp am Flughafen von Johannesburg tönte plötzlich mein Name aus dem Lautsprecher:

Es hieß, ich solle so schnell wie möglich Lélia anrufen. Am Telefon sagte sie: »Geh nicht mehr nach Mosambik, geh nach Ruanda. Zehntausende von Menschen fliehen gerade von dort nach Tansania …«

15

Ruanda

Anstatt wie geplant nach Mosambik zurückzufliegen, kaufte ich also ein Ticket nach Kenia – nur so gelangte man nach Ruanda. In Nairobi angekommen, wurde ich beim Sitz der UNHCR vorstellig, mit denen ich eine Arbeitspartnerschaft hatte. Dort erklärte man mir, dass ich nicht mehr nach Ruanda einreisen dürfe: Dort bräche gerade ein Krieg aus, Zehntausende seien im Begriff, nach Tansania zu fliehen. Mir wurde angeboten, am Abend in das Nachbarland zu fliegen. Als ich in Benako, im Nordosten von Tansania, landete, waren bereits 100.000 Flüchtlinge dort. Nach ein paar Tagen waren es bereits eine Million. Was die Toten anbetraf… Muss ich wirklich daran erinnern, dass Ruanda im Jahr 1994 der Schauplatz einer der größten Völkermorde des 20. Jahrhunderts war?

Inmitten dieser Katastrophe machte ich mich sogleich an die Arbeit. Ich sah Schreckliches, manches ist unvergesslich. Am Akagera, dem Fluss zwischen Tansania und Ruanda, sah ich unter einer kleinen Brücke Dutzende und Aberdutzende von Leichen an mir vorbeitreiben. Es gab dort einen Wasserfall, von dem pausenlos Körper herunterstürzten, die anschließend vom Strudel erfasst wurden. Es war grauenhaft.

Schließlich traf ich auf Guerillakrieger der Tutsi, die diese Seite von Ruanda kontrollierten, während die Hutu in Kigali waren, gestützt durch die französischen Streitkräfte, mit einem Rückzugsgebiet bis zur Grenze zum Kongo. Diese Tutsi sagten zu mir: »Wir haben einen Wagen, wir bringen dich nach Kigali, wenn du willst.« Wir fuhren los und hatten etwa 150 Kilometer vor uns. Die Straße war mit verstümmelten Körpern übersät. Wenn wir Rast machten, standen wir unter Bananenpflanzen zwischen aufgetürmten Leichen. Ich fotografierte. Es sind schreckliche Aufnahmen. Dieser Krieg wurde unter einem ethnischen Vorwand begonnen. Aber dahinter steckte etwas anderes: eine Geschichte der Armut, der Ausbeutung. Ich hatte es bereits seit Langem gewusst.

Ich kenne Ruanda seit 1971, als ich für die Internationale Kaffeeorganisation tätig war. Später, im Jahr 1991, kehrte ich für »Arbeiter« dorthin zurück, um die Dorfplantagen für Tee wiederzusehen, kleine Flächen im Familienbesitz, bei deren Entstehung ich beteiligt gewesen war. Ich hatte all die Kleinbauern gesehen, die von morgens bis abends zu einem Negativpreis arbeiteten, um diesen Tee zu produzieren, der der beste und teuerste der Welt war. Nach 1971 wuchs die Bevölkerung beträchtlich, sodass das Stück vom Kuchen noch kleiner wurde. Die steigende Armut vergiftete eine Gesellschaft, die von Rassenkonflikten zwischen Hutu und Tutsi gespalten war. Übrigens hatte Frankreich 1975, als mit der MRND[1] ein sehr strenges Regime an die Macht kam, einen Militärhilfevertrag mit Ruanda abgeschlossen, vorgeblich wegen der Nähe und der engen Verbindungen innerhalb der frankophonen Länder. Doch man hatte von dem Geld keine Schulen gebaut, sondern Gendarmerie-Stützpunkte. Zwischen 1987 und 1994 hatte Frankreich auf diese Weise regelmäßig militärische Ausrüstung geliefert. Diese Faktoren zusammengenommen bildeten ein Pulverfass, das am Ende explodierte und für das Chaos sorgte, das ich im April 1994 miterlebte. Ich kehrte anschließend nach Mosambik zurück, um meine Zusammenarbeit mit den humanitären Organisationen fortzusetzen, aber ich war von Ruanda wie besessen. Im Laufe der folgenden Monate kehrte ich immer wieder dorthin zurück.

Nach dem durch die Hutu an den Tutsi verübten Massaker eroberten Streitkräfte der Tutsi Kigali zurück. Ein Großteil der Hutu floh nach Zaire[2], Tansania und Burundi. Es war eine Katastrophe: Am Ende befanden sich zwei Millionen Menschen in den Flüchtlingslagern. Ich sah, wie sie in Scharen dort ankamen und versuchten, auf engstem Raum zusammengepfercht zu überleben. Sofort entstanden hygienische Probleme. Da ihnen Ausrüstung und Medikamente fehlten, waren die humanitären Organisationen überlastet und vollkommen überfordert. In Zaire brach umgehend die Cholera aus.

Ich sah, wie in wenigen Stunden aus starken Menschen, Kämpfern, das Leben buchstäblich herausrann. Sie starben wie die Fliegen. Aufgrund des Platzmangels breitete sich diese infektiöse

1 Mouvement républicain national pour la démocratie et le développement

2 Heute die Demokratische Republik Kongo

Durchfallerkrankung blitzschnell aus und tötete täglich Tausende von Menschen. Ihre leblosen Körper konnten nicht einmal vergraben werden. Sie wurden aufgetürmt. Ich sah Leichenberge, die sich über Hunderte von Metern aneinanderreihten. Die französische Armee kam mit Bulldozern, um Sammelgräber auszuheben. Eine mechanische Schaufel nahm 10 bis 15 Tote auf einmal auf, warf sie in die Grube und ließ dabei manchmal einen Arm zurück, einen Kopf, ein Bein. Es war Wahnsinn. Die Überlebenden schienen nichts mehr zu fühlen. Aber ich hatte das Gefühl zu sterben. Ich verbrachte dort derart anstrengende neun Monate, dass mein Körper und mein Kopf begannen, mich im Stich zu lassen. Ich wurde von meinen eigenen Staphylokokken angegriffen. Am Ende verordnete mir mein Pariser Arzt, mit meiner Arbeit aufzuhören, um gesund zu werden.

Einige Monate später, im Jahr 1995, hatte ich mich einigermaßen erholt und kehrte nach Kigali zurück, um meine Reportage fortzusetzen. Ich suchte meinen Freund Joseph Munyankindi. Er war ermordet worden, ebenso seine Frau und alle ihre Kinder. Ein Schock! Wir hatten uns auf meiner ersten Reise nach Ruanda kennengelernt, als ich noch ein junger Ökonom für die Internationale Kaffeeorganisation war und er der Leiter des ruandischen Büros für Industriekultur. Hunderte von Kilometern hatten wir gemeinsam im VW-Käfer zurückgelegt, auf der Suche nach geeigneten Stellen für Teeplantagen. Wir hatten uns dabei endlos unterhalten, viel gelacht und waren Freunde geworden. Danach hatten wir uns in London wiedergesehen, ich hatte ihm Lélia vorgestellt, er war zu uns nach Hause gekommen. Bei jedem meiner Aufenthalte in Kigali hatte ich ihn besucht, und er hatte mich jedes Mal mit offenen

Armen empfangen. Auch er hatte mir seine Frau vorgestellt: Er war Hutu, sie Tutsi, eine echte Schönheit. Als ich 1991 für »Arbeiter« zurückgekehrt war, dreieinhalb Jahre vor diesen Ereignissen, hatte mich mein ältester Sohn Juliano, der damals 17 Jahre alt war, begleitet. Wir hatten die gewaltigen Spannungen während unseres Aufenthalts gespürt. Als wir ein Auto mieten wollten, um in die Region Kivu zu fahren und die berühmten Teeplantagen anzuschauen, vermieteten die internationalen Firmen bereits keine Fahrzeuge mehr an Personen, die die Hauptstadt verlassen wollten. Joseph Munyankindi sorgte dafür, dass wir von einem seiner Freunde einen Peugeot 304 leihen konnten. Auf der Strecke nach Bukavu, an der Grenze zum Kongo gelegen, wurden wir 16 Mal kontrolliert. Dort angekommen, machten wir uns an die Arbeit: Ich fotografierte und Juliano schrieb ein Referat für die Schule. Vier Tage lang waren wir alle drei mit unserem Autoverleiher in Kontakt, dann mit seiner Frau, doch schließlich konnten wir ihn nicht mehr erreichen. Als wir zurück in Kigali waren, teilte Munyankindi uns mit, dass der Besitzer des Wagens ermordet worden war. Polizisten der Hutu waren bei der Familie eingedrungen, im Glauben, dass sie Geld im Haus hätte, und hatten den Ehemann getötet.

Zur gleichen Zeit war Josephs Frau zum zweiten Mal im Gefängnis. Als Tutsi wurde sie der Spionage verdächtigt. Vor unserer Abreise übergab uns mein Freund Briefe, die nach Deutschland gehen sollten. Damals arbeitete er nicht mehr für die Regierung, sondern für »Misereor«[3], eine deutsche christliche Organisation, die Ent-

3 Misereor e.V. ist ein 1958 in Fulda gegründetes bischöfliches Hilfswerk. Es ist eines der größten Hilfswerke der römisch-katholischen Kirche und hat seinen Hauptsitz in Aachen.

wicklungsprojekte unterstützt. Er wagte es nicht, die Briefe selbst zur Post zu bringen. Daran merkte ich, wie besorgt er war. Doch ich ahnte nicht, dass es das letzte Mal war, dass ich ihn sehen würde. Der Völkermord hat meinen Freund in seiner Blutwelle mitgerissen.

Als ich zu den berühmten Teeplantagen zurückkehrte, wo ich erst mit ihm, dann mit Juliano so glücklich gewesen war, wo wir so viel gelacht hatten, war alles verbrannt. Von dem Tee, der so schwierig zu pflanzen und zu verwerten war, war nichts mehr übrig. Auf der zerstörten Erde lagen überall Knochen. Vielleicht waren es die Überreste der Menschen, die wir gekannt und mit denen wir eine so gute Zeit verbracht hatten.

Es ist sonderbar, dass es Landstriche in der Welt gibt, die manche von uns so besonders prägen. Als junger Ökonom hatte ich Ruanda auf der Suche nach der unglaublich fruchtbaren Erde von Kivu durchstreift. Als Fotograf war ich für »Arbeiter« zurückgekehrt. 1994 erlebte ich dort die totale Katastrophe. 1995 war ich wieder dort, um die Rückkehr der Geflüchteten zu sehen. Für mein Folgeprojekt »Genesis« wollte ich die ausbrechenden Vulkane in Goma und die Gorillas im Nationalpark Virunga fotografieren. Ich kam und ging, aber ich kehrte immer wieder nach Ruanda zurück, aus ganz unterschiedlichen Gründen und unter ganz verschiedenen Umständen. Wie viele Male? Ich weiß es nicht genau. Aber immer an denselben Ort. Ohne dass ich es wirklich entschieden hätte, fanden viele meiner Geschichten am Ende dort statt. Am Kivusee.

16

Dem Tod ins Auge geblickt

Während meiner Reportagen für »Exodus« sah ich so viel Leid, Hass und Gewalt, dass ich tief erschüttert aus ihnen hervorging. Doch bereue ich sie nicht. »Wenn man das Grauen vor sich hat, was ist dann ein gutes Foto?«, werde ich manchmal gefragt. Meine Antwort ist kurz: Die Fotografie ist meine Sprache. In welcher Situation auch immer – der Fotograf hat den Mund zu halten. Er ist dazu da, zu sehen und zu fotografieren. Das Fotografieren ist die Art, wie ich arbeite, mich ausdrücke, wie ich lebe.

Ich liebe Ruanda. Mir lag ebenso viel daran, seine Arbeiter und Plantagen zu fotografieren, wie die Schönheit seiner Nationalparks und die Gräueltaten, die dort begangen wurden – eben, weil ich dieses Land liebe. In der Zeit des Grauens fotografierte ich es mit ganzem Herzen: Alle sollten von dem Entsetzlichen erfahren. Niemand hat das Recht, sich vor dem Unglück seiner Zeit zu schützen, denn wir tragen auf gewisse Weise alle die Verantwortung dafür, was in der Gesellschaft geschieht, in der wir uns entschieden haben zu leben.

Wir alle müssen uns eingestehen, dass die Konsumgesellschaft, deren Teil wir sind, zahllose Bewohner dieser Erde ausbeutet und verarmen lässt. Wir alle müssen uns über das Unglück, das etwa durch die Ungleichheit zwischen Norden und Süden entsteht, und die Katastrophen, die sie reihenweise verursacht, informieren, indem wir Radio hören, Fernsehen schauen, Zeitungen lesen, Fotos betrachten. Es ist unsere Welt, wir müssen mit ihr fertigwerden. Nicht die Fotografen schaffen diese Katastrophen: Es sind die Symptome der Funktionsstörungen unserer Welt, an der wir alle teilhaben. Die Fotografen dienen als Spiegel, wie die Journalisten. Und dass mir nur einer mit Voyeurismus kommt! Die Voyeure sind die Politiker, die es haben geschehen lassen, und die Militärs, die die Repression in Ruanda ermöglicht haben. Sie sind die Verantwortlichen, genauso wie der Sicherheitsrat der Vereinten Nationen, der durch all seine Versäumnisse nicht verhindert hat, dass millionenfach Mord begangen wurde.

Ich habe stets versucht, die Menschen in Würde zu zeigen. Meistens sind sie Opfer von Grausamkeit, von äußeren Ereignissen. Sie werden fotografiert, nachdem sie ihr Haus verloren, die Ermordung ihrer Angehörigen, manchmal die ihrer Kinder mitangesehen haben. Die gewaltige Mehrheit dieser Menschen ist unschuldig und hat das Unglück, das sie ereilt, nicht verdient. Ich fotografiere, aber ich zwinge keinen hinzuschauen. Ich will weder Lektionen erteilen, noch für ein gutes Gewissen sorgen, indem ich Mitgefühl erzeuge. Ich habe diese Aufnahmen gemacht, weil ich eine moralische, ja ethische Verpflichtung dazu hatte. In solch quälenden Augenblicken, was ist da Moral, was ist da Ethik?, wird man mich fragen.

Es ist der Moment, wenn ich jemandem beim Sterben in die Augen sehe und entscheide, ob ich den Auslöser meiner Kamera drücke oder nicht.

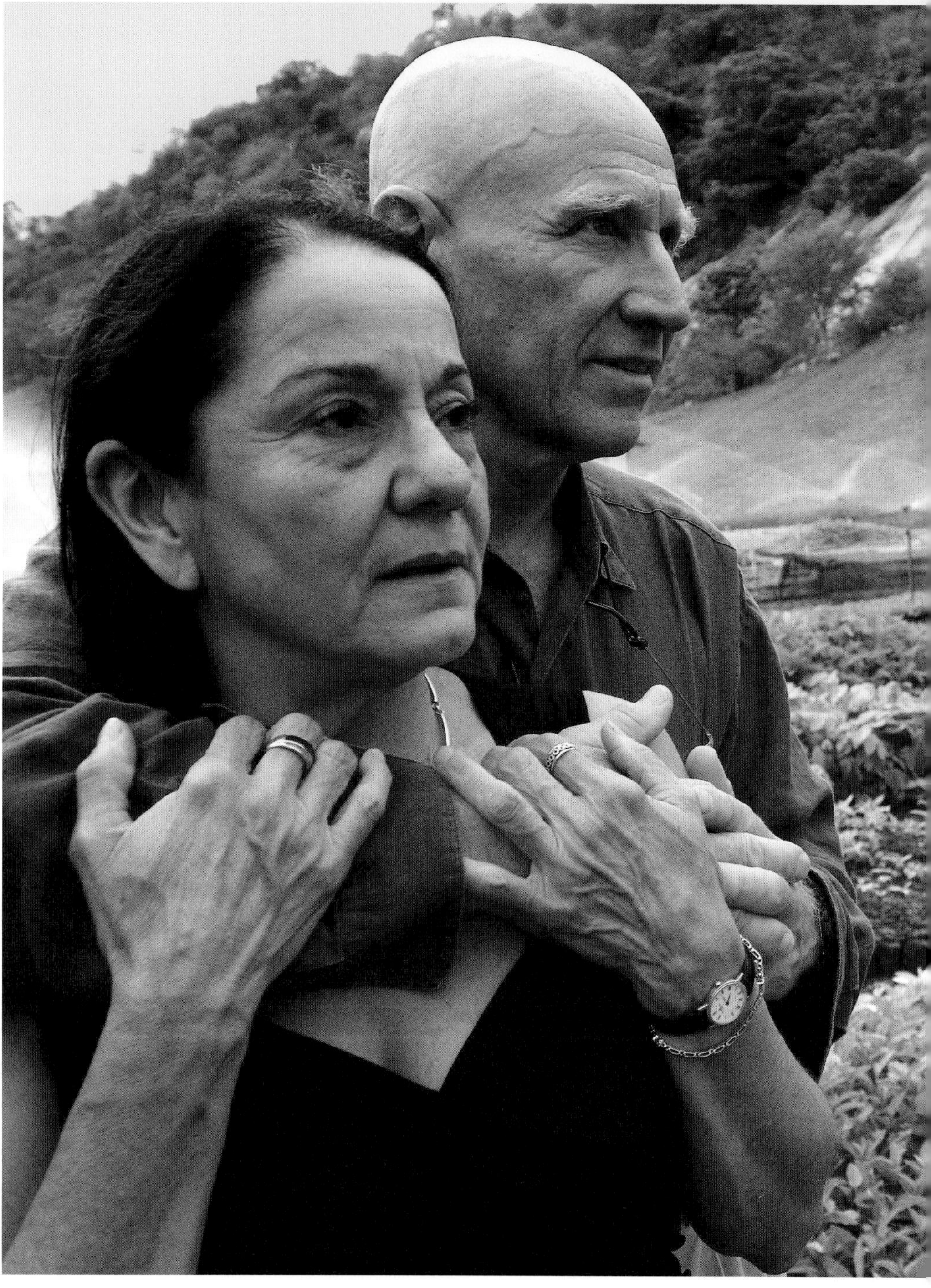

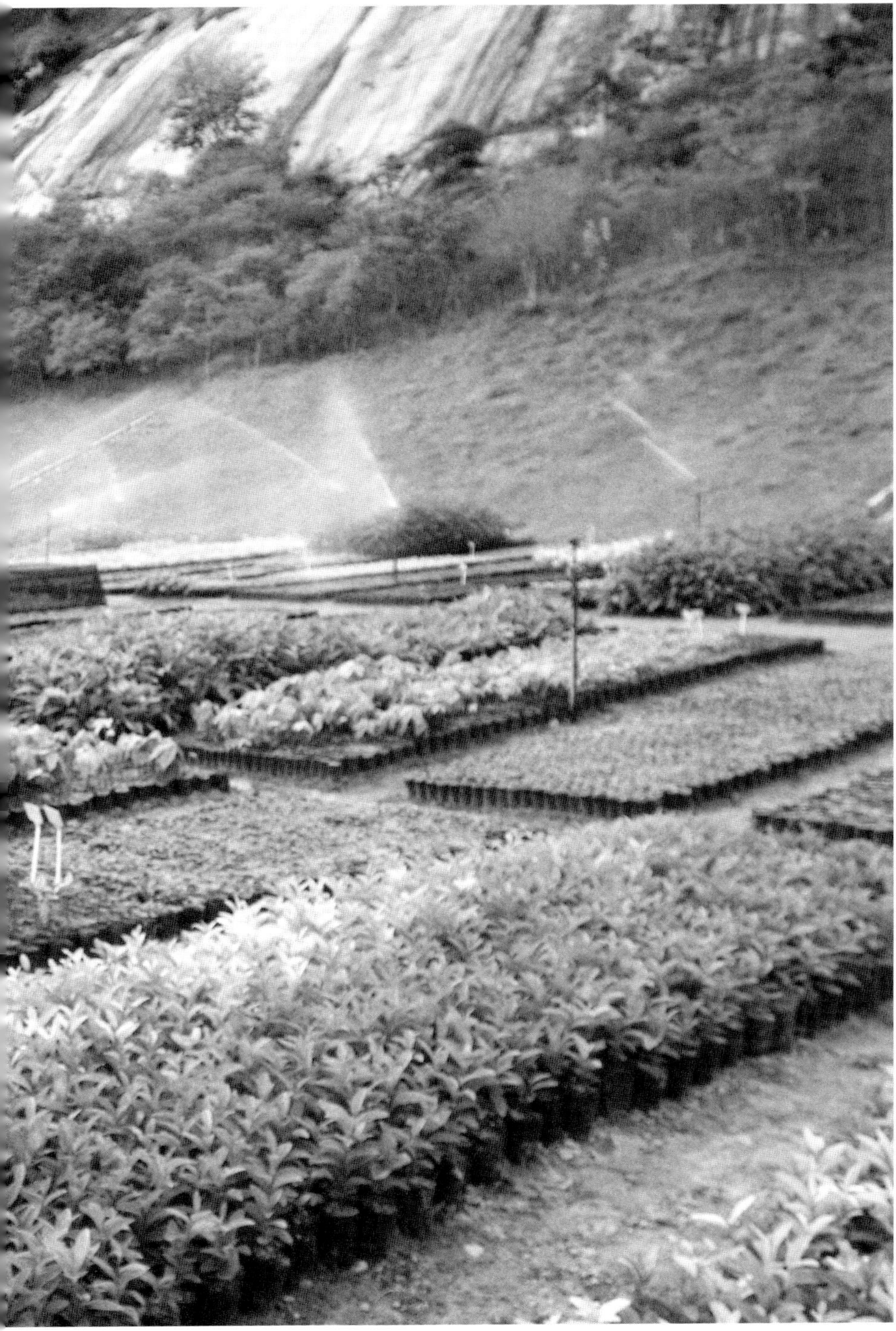

Lélia und Sebastião Salgado auf dem Gelände des Instituto Terra.
Fazenda Bulcão, Aimorés, Minas Gerais, Brasilien, 2006.

17

Instituto Terra: eine wahr gewordene Utopie

Im Jahr 2000 veröffentlichten wir zwei Bücher, »Exodus«[1] und »Kinder der Migration«[2]. Wenn umgesiedelte Bevölkerungen meist Opfer sind, dann sind es ihre Kinder umso mehr. Sie entwickeln oft unglaubliche Fähigkeiten, wenn es darum geht, sich anzupassen, zu spielen und zu lachen. Aber bei all den abgemagerten, schmutzigen, verletzten oder amputierten Kindern war es vor allem ihr Blick, der mich traf. Das Buch, das sie zeigt, trägt die Widmung: *»All den Kindern, die das Betrachten dieser Fotos dazu bewegt, über die Leben hinter diesen Gesichtern nachzudenken.«*

Meine Fotos aus »Exodus« gingen um die Welt. Tausende von Menschen konnten sie sehen. Sie wurden in zahlreichen Museen und Ausstellungsräumen gezeigt, Zeitschriften auf der ganzen Welt druckten sie ab. Ich hielt sehr viele Vorträge. Damals ging es mir

1 Exodus, Taschen, Köln, 2016.

2 Kinder der Migration, Zweitausendeins, Frankfurt/Main, 2000. Children. Enfants. Kinder, Taschen, Köln, 2016.

körperlich und mental nicht gut. Bis dahin hatte ich mir nicht vorstellen können, dass die menschliche Spezies so grausam zu sich selbst sein könnte, und ich schaffte es nicht, diese Tatsache zu akzeptieren. Ich war deprimiert, sah alles schwarz. Außerdem war ich darüber verzweifelt, in welchen Zustand die wirtschaftlichen, sozialen und politischen Umwälzungen den Planeten versetzt hatten. All die abgeholzten Bäume, die verschandelten Landstriche, die zerstörten Ökosysteme. Also dachte ich über ein Projekt nach, das die Verschmutzung und die Zerstörung der Wälder anprangern würde. Zeitgleich hatte Lélia die geniale Idee, die zerstörte Fläche, die wir 1990 von meinen Eltern in Brasilien übernommen hatten, wiederaufzuforsten. Wir waren verrückt genug, das Abenteuer zu wagen, und plötzlich wuchsen wieder Bäume.

Als die Portugiesen im 6. Jahrhundert die brasilianische Küste erreichten, war sie auf über 3.500 Kilometer Länge mit dem Atlantischen Regenwald bedeckt, der sich bis zu 350 Kilometer ins Landesinnere ausdehnte: Das entspricht der doppelten Fläche von Frankreich. Das Land meiner Eltern war Teil dieses Ökosystems gewesen, aber als Lélia und ich nach der politischen Amnestie nach Brasilien zurückkehren konnten, stellten wir fest, dass die Bäume gefällt worden waren.

Die berühmten *perobas,* Verwandte der Eiche, und viele andere Sorten hatten dazu hergehalten, die Wohnhäuser der rasch wachsenden brasilianischen Städte auszustatten, waren zu Holzkohle für die Eisen- und Stahlindustrie verarbeitet worden. Nach der Abholzung prasselte der Regen ungebremst auf die Erde. Der fruchtbare Boden meiner Eltern, früher mit Weideflächen, Reisfeldern und

Wäldern bedeckt, bestand nur noch aus einer kahlen Kruste. Von den dreißig Familien, die dort während meiner Kindheit gelebt hatten, war nur ein Rinderhirte übrig geblieben. Jedes Mal, wenn wir wiederkamen, sahen wir, wie dieser Vorgang sich weiter beschleunigte.

Angesichts dieses Desasters sagte Lélia eines Tages zu mir: »Sebastião, wir werden neu anpflanzen.« Wir hatten nichts davon, wir lebten nicht dort und wussten nur zu gut, wie viel ein Baum kostete. Aber wir beschlossen, unser Glück zu versuchen. Wir gingen zu Renato de Jesus, einem Ingenieur, der berühmt ist für seine Arbeit zur Wiederherstellung von Ökosystemen. Renato analysierte den Zustand unseres Bodens, die Erde. Sechs Monate später präsentierte er uns ein Projekt: die Pflanzung von 2,5 Millionen Bäumen! Dabei musste man auf Diversität achten: Mindestens 200 verschiedene Sorten waren nötig, um das Ökosystem wiederzubeleben. Wie sollten wir das angehen, woher das Geld nehmen? Wir hatten keine Ahnung. Aber wir sagten uns: »Los geht's!«

Der Ingenieur, der sich der Aufforstung mit heimatlichen Arten verschrieben hatte, beruhigte uns: Wir würden viel Unterstützung bekommen, so groß sei das Bedürfnis nach einer Rehabilitation des Ökosystems.

Ich vereinbarte einen Termin mit der Weltbank in Washington. Die Leute, die mich empfingen, fanden meine Idee vollkommen verrückt und amüsant. Sie stellten dennoch den Kontakt zu einem sehr interessanten brasilianischen Umweltnetzwerk her. Die Mitglieder lebten fast alle in meinem Bundesstaat Minas Gerais. So stießen wir auf einen weiteren »Verrückten«, den Leiter der Wälder und

Parks von Minas Gerais, Célio Murilo Vale[3]. Er war von Anfang an begeistert und sicherte uns sofort seine Unterstützung zu. Mit ihm gemeinsam schufen wir den ersten Nationalpark Brasiliens auf vollkommen verödetem Gelände; wir mussten lediglich versprechen, alles mit heimischen Sorten wiederaufzuforsten. Inzwischen ist das Land meiner Eltern geschützt: Als Naturschutzgebiet darf es nie wieder als Anbaufläche dienen. Anfangs glaubte mein Vater nicht wirklich an unser Projekt. Er dachte, dass unsere Städterfantasien uns ruinieren würden. Aber als er mit 95 Jahren starb, hatte er gesehen, wie sich die Bäume das Land zurückerobert hatten.

Um das Projekt zu finanzieren, fassten wir den Entschluss, den Erlös unserer Arbeit hineinzustecken. Die Direktoren der örtlichen Minenkompanie Vale do Rio Doce (heute Vale), für die Renato de Jesus arbeitete, fanden die Idee auch verrückt, sagten uns aber dennoch Hilfe zu. Da sie zur Deckung ihres Bedarfs an Aufforstung eine eigene Baumschule für heimische Arten besaßen, gaben sie uns kleine Setzlinge und stellten uns ein paar Arbeiter zur Verfügung. Sie bewilligten uns auch Gelder, wie schon der brasilianische Fonds für Biodiversität, der mit der Weltbank zusammenarbeitete. Der Großteil der Subventionen kam von der brasilianischen Bundesregierung und den Bundesstaaten Minas Gerais und Espírito Santo. Auch viele brasilianische Firmen und Stiftungen gaben uns Geld. Eine große Hilfe waren uns zudem einige französische und mone-

3 Professor Célio Murilo de Carvalho Valle leitete den Lehrstuhl für Mastozoologie und Naturschutz am Institut für Biologische Wissenschaften der UFMG (Staatliche Universität von Minas Gerais). Er war Mitglied der Kommission für Umweltpolitik des Staatssekretariats für Wissenschaft und Technologie von Minas-Gerais und Mitglied des Staatsrats für Umweltpolitik (Copam). Seit 2002 ist er Direktor des IEF Biodiversity.

gassische Firmen und Stiftungen, die Regierung von Asturien und die »Generalitat Valenciana« in Spanien, in Italien die Regionen Emilia-Romagna und Friaul, die Provinz Rom und die Stadt Parma. Und so schafften wir es, zwei Millionen Bäume aus mehr als 300 Sorten zu pflanzen! Und wir sind noch nicht fertig: Wir hoffen, dass wir bis etwa 2050 nicht nur die Wiederaufforstung unseres Naturschutzgebietes vollenden, sondern dazu 50 Millionen Bäume in dem großen angrenzenden Tal pflanzen können.

Als wir im November 1999 gegen Ende der Regenzeit die ersten Bäume in die Erde setzten, glaubte ich ehrlich gesagt nicht, dass auch nur ein Setzling Wurzeln schlagen würde. Mitte der 2000er-Jahre hatten sie jedoch schon 70 Zentimeter lange Austriebe. Ein junger Baum ist wie ein Baby: Wenn es auf die Welt kommt, ist es bereits ein vollwertiger Mensch. Man muss dem Baby Zärtlichkeit schenken, es beschützen, es das Laufen lehren, aber es zeigt bereits alle menschlichen Reaktionen. Bei einem Setzling ist es das Gleiche: Im Alter von sechs Monaten, mit nur 70 Zentimeter Höhe, ist er schon aufgebaut wie ein erwachsener Baum. Die Insekten nähren sich an seinen kleinen Blüten. Wenn seine Blättchen zu Boden fallen, schnappen die Ameisen sie sich. Eine ganze Welt. Lélia sagte immer: »Wir haben einen Babywald«, aber es war bereits ein richtiger Wald.

Inzwischen haben wir unsere eigene Baumschule und liefern nun Setzlinge für Umweltprojekte in den Bundesstaaten Minas Gerais und Espírito Santo. Unsere Baumschule hat eine Kapazität von einer Million Setzlingen im Jahr aus über hundert verschiedenen Sorten. Um den alten Pferch der Farm herum sind Gebäude entstanden, die heute ein Fortbildungszentrum beherbergen: das »Instituto Terra«[4]. Es berät Förster, Landwirte, Bürgermeister, städtische Bulldozerunternehmen. Es empfängt auch die Kinder aus den umliegenden Schulen, um sie sehr früh für das Problem der Waldzerstörung zu sensibilisieren, um in ihnen das Bewusstsein für die Bedeutung von Biodiversität und die Notwendigkeit der Wiederherstellung des Ökosystems zu wecken.

Viele Tiere sind zurückgekehrt. Sogar der Jaguar, das größte Tier der Nahrungskette unseres Waldes. Seine Anwesenheit zeigt, dass er Nahrung findet. Was beweist, dass die Nahrungskette wieder intakt ist. Das Land ist fast noch schöner als in meiner Kindheit. Bei diesem Anblick erfasste mich wieder eine Art Zauber. Es dauerte also nicht lange, bis Lélia und ich überlegten, eine Fotostory zu machen, die die Schönheit des Planeten zeigen würde – den Anfang von allem, denn indem wir den Wald wiedererschufen, schufen wir einen Kreis des Lebens.

Wir erkundigten uns bei der größten NGO für Umweltschutz, »Conservation International«[5], die von Washington aus über alles wacht, was in der Natur noch unberührt ist. Durch die Organisation erfuhren wir, dass etwa 46 Prozent der Natur des Planeten bewahrt geblieben sind. Die Menschen haben gut die Hälfte des Planeten zerstört, was gewaltig ist, aber die andere Hälfte, oder beinahe, ist intakt, was ich fantastisch fand. Ein Teil des tropischen Regenwaldes

---

4 www.institutoterra.org

5 Conservation International wurde 1987 gegründet, mit dem Ziel, weltweit die Biodiversität an Pflanzen, Tieren und Landschaftsformen zu erhalten. Die Non-Profit-Organisation arbeitet zur Zeit in 45 Ländern, schwerpunktmäßig in Entwicklungsländern in Afrika, Asien, Ozeanien, Mittel- und Südamerika.

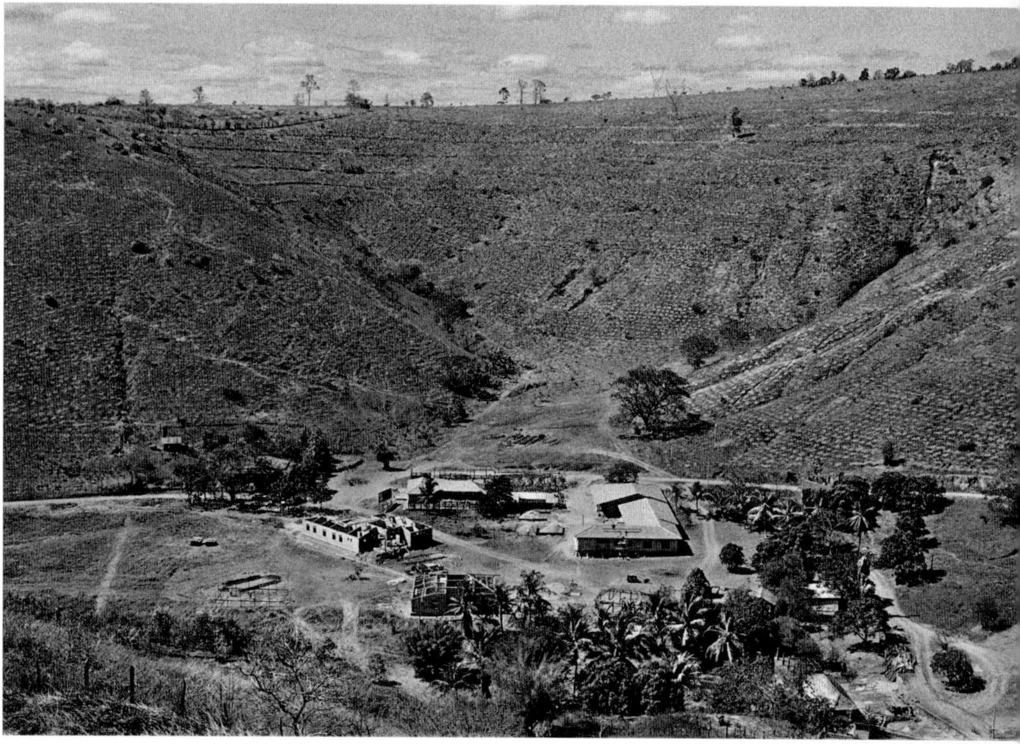

Instituto Terra, 2001.

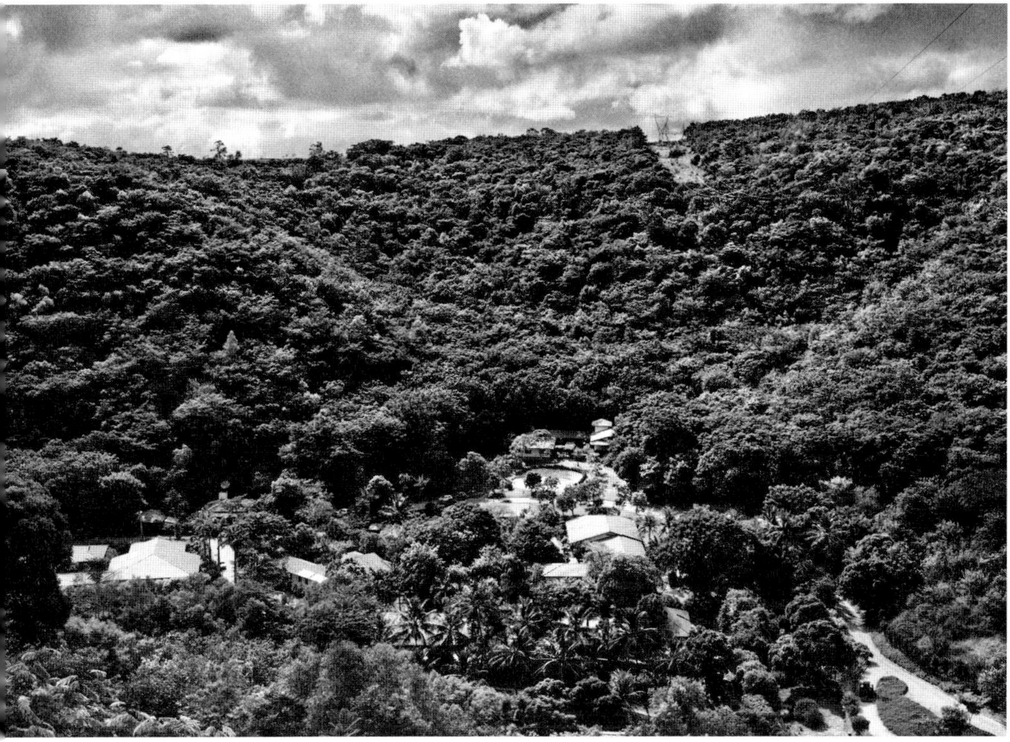

Instituto Terra, 2013.

ist tatsächlich zerstört, aber es bleiben immerhin 75 Prozent, der größte Teil davon in Brasilien. Überall auf der Welt wurden Teile des Tropenwaldes vernichtet, doch es ist noch ein Großteil übrig. Und alle schwer zugänglichen Orte sind der Zerstörung durch den Menschen entkommen: die Wüsten und die Kaltgebiete, im Süden wie im Norden. Die Antarktis ist zu 99,9 Prozent unberührt. Das gilt auch für die Gebiete oberhalb von 3.000 Metern, da sie kaum nutzbar sind.

Wir überlegten und diskutierten also, und nach und nach entstand ein Projekt. Anschließend machten wir uns auf die Suche nach der Finanzierung. Wir schlossen Exklusivverträge über Abdruckrechte mit »Paris Match« in Frankreich, »Rolling Stone«[6] in den USA, »La Vanguardia[7]« in Spanien, »Visão«[8] in Portugal, »The Guardian«[9] in Großbritannien und »La Repubblica«[10] in Italien. Anfänglich dachten wir, wir könnten das Projekt durch diese Vereinbarungen und die Abdruckrechte, die sich im Lauf der achtjährigen Arbeit daraus ergeben würden, finanzieren. Aber wegen des Internets standen die Printmedien wirtschaftlich nicht gut da, und wir mussten weitere Partner finden, amerikanische Stiftungen und Firmen, wie unseren Partner Vale in Brasilien.

6 »Rolling Stone« ist ein 1967 gegründetes US-Musik- und Politikmagazin, das alle 14 Tage erscheint – mit einer verkauften Auflage von knapp 1,5 Mio. Exemplaren.

7 Die 1881 in Barcelona gegründete »La Vanguardia« ist mit einer Auflage von etwa 200.000 Exemplaren die größte katalanische Tageszeitung.

8 Das seit 1993 in Lissabon erscheinende Wochenmagazin berichtet über Politik, Wissenschaft und Kultur.

9 1821 in Manchester gegründete Tageszeitung, die eine linksliberale Position vertritt und eine Auflage von etwa 140.500 Exemplaren hat.

10 Die 1976 in Rom gegründete Tageszeitung gehört mit einer Auflage von 250.000 Exemplaren zu den Leitmedien Italiens.

18

Zurück zum Beginn

Im Jahr 2002 wurde das Konzept zu »Genesis« geboren. Ganz konkret galt es, 32 Reportagen zu organisieren, die ich über geschützte Gebiete machen würde, heiße oder kalte, trockene oder üppig bewachsene. Was meine persönliche Vorbereitung betraf, so war ich durch jahrelange Erfahrung darauf gut eingestellt: Ich besitze vier große Kisten, die alles enthalten, was ich zum Leben bei minus 30 Grad, in Höhenlagen, in Feuchtgebieten oder auch in heißen Zonen brauche. Mit der Zeit hatte ich eine persönliche Vorstellung davon entwickelt, was wirklich notwendig war. Für mich ist das vor allem meine Fotoausrüstung: meine Kameras und über lange Zeit auch meine Handköfferchen, in die ich meine Filme sorgfältig verstaute.

Zu Beginn von »Genesis« hatte ich keinen Assistenten. Wie bei allen anderen Fotoexpeditionen musste ich also imstande sein, alles selbst zu tragen. Als ich am 4. Januar 2004 für meine erste Reportage auf die Galápagos-Inseln flog, fand ich vor Ort einen Führer, aber ich war allein aus Paris gekommen. In der Antarktis im Jahr 2005 überzeugte mich Gil Kebaïli, Reporter bei TF1 für die Sendung »Ushuaïa«, mit dem ich auf dem Schoner »Tara«[1] fuhr, nicht mehr allein zu reisen, denn solche Reportagen verlangen große Sicherheitsvorkehrungen. Als ich über die Gletscher lief, stellte ich fest, dass man tatsächlich leicht in eine der tiefen Spalten stürzen kann. Gil Kebaïli überredete mich, einen Assistenten zu engagieren. Nach meiner Rückkehr traf ich Jacques Barthélemy, einen Hochgebirgsführer. Er brachte mir das Gehen neu bei, zeigte mir, wie man klettert sowie Seile und Gurte benutzt. Anschließend begleitete er mich auf die meisten Reportagereisen.

Bis ins kleinste Detail planten Lélia und ich die acht Jahre, die ich damit verbringen würde, die Welt zu Fuß, in kleinen Flugzeugen, auf Schiffen, in Kanus und sogar per Ballon zu bereisen, eine meiner schönsten Erinnerungen. Nachdem ich so viele Jahre lang Frauen, Männer und Kinder in ihrem Alltag gezeigt hatte, würde ich nun Vulkane, Dünen, Gletscher, Wälder, Flüsse, Schluchten, Wale, Rentiere, Löwen, Pelikane fotografieren, die Welt des Dschungels, der Wüste und des Packeises.

So reiste ich zu meiner Freude mehrmals nach Afrika, aber dieses Mal nicht, um Katastrophen mit anzusehen, sondern um seine gewaltige Schönheit einzufangen. Ich lief auch durch die Sahara. Ich besuchte einige natürliche Zufluchtsorte des Planeten, besonders Inseln. Galápagos nannte ich bereits, aber ich war auch auf Mada-

1 Tara ist ein von Etienne Bourgeois geführtes Forschungsschiff, dessen Mission sowohl die Erforschung als auch der Schutz der Umwelt ist. Zwischen September 2006 und Februar 2008 fuhr es im Rahmen des Internationalen Polarjahres in den Arktischen Ozean, um die Auswirkungen des Klimawandels zu beobachten.

gaskar, auf Sumatra und den Mentawai-Inseln [2], deren Natur außerordentlich gut erhalten ist, auf Neuguinea und im westlichen Papua. In Europa habe ich nicht gearbeitet, denn dort sind praktisch keine intakten Naturschauplätze mehr vorhanden. Der menschliche Einfluss und die Umweltverschmutzung machen sich überall bemerkbar. Ich reiste jedoch durch Asien, bestieg den Himalaya und machte drei Ausflüge in den asiatischen Teil Russlands. Ich verbrachte viel Zeit in Süd- und Nordamerika. Dank der Nationalparks haben die USA eine starke Bindung an ihre Natur und haben es geschafft, sie zu bewahren. Nach Kanada stellte ich mich der Kälte Alaskas, den eisigen Weiten im Norden unseres Planeten. Ich machte eine große Rundreise durch das Amazonasgebiet. Außerdem war ich in Argentinien, in Chile, in Venezuela, auf Diego Ramirez, einem chilenischen Archipel zwischen dem Kap Horn und der Antarktis, und anschließend auf den Falklandinseln, in Südgeorgien auf den südlichen Sandwichinseln[3], die alle aktive Vulkane besitzen und die das größte existierende Schutzgebiet für Pinguine bilden. Sie sind für mich die Inseln am Ende der Welt, wie man in Brasilien sagt, sie sind so weit weg, dass dort der Wind umdreht, um zurückzukommen. Ich sah unwahrscheinlich vielfältige Landschaften, und jede Reise war einzigartig.

Es waren wunderbare Jahre, die mir unglaubliche Momente der Freude geschenkt haben. Ich sah so viel Schönes, nachdem ich zuvor

2 Diese Inselgruppe liegt südwestlich von Sumatra. Sie wurde vermutlich 2000 v. Chr. besiedelt. Die Hälfte der nördlichsten Insel, Siberut, steht unter Naturschutz.

3 Die Südlichen Sandwichinseln sind vulkanischen Ursprungs. Sie liegen als Inselbogen im südlichen Atlantik südöstlich von Südgeorgien, wo die südamerikanische Platte auf die antarktische Platte trifft.

so viel Schreckliches gesehen hatte! Während ich immer weitere Reportagen machte, wurden viele meiner Bilder dank des Teams von »Amazonas Images« in der internationalen Presse veröffentlicht. Im April 2013 erschienen zwei »Genesis«-Bände. Noch bevor ich alle Reportagen abgeschlossen hatte, war die Ausstellung der Fotos bereits in großen Museen überall auf der Welt geplant, von London bis New York, über Brasilien, Toronto, Rom, Singapur und natürlich Paris. Lélia und ich wollten den Planeten würdigen. Und, so hofften wir, zum Nachdenken anzuregen: über die Notwendigkeit, ihn zu respektieren und zu schützen, solange es noch nicht zu spät war. Lélia besuchte mich während der Reportagereisen häufig an den verschiedenen Orten. Beim Anblick der majestätischen Natur stockte uns beiden oft der Atem. Und bei all dem Leben, das in Millionen von Arten dort zu finden ist. Schlussendlich gab uns die Erde eine wundervolle Lektion in Menschlichkeit: Indem ich meinen Planeten kennenlernte, lernte ich mich selbst kennen. Ich verstand, dass wir alle Teil des gleichen Ganzen sind, Teil des Systems Erde.

Auf meiner ersten Reportagereise auf die Galápagos-Inseln beobachtete ich zum Beispiel eines Tages einen Leguan, ein Reptil, das zunächst nicht viel mit unsereinem gemeinsam hat. Als ich jedoch eine seiner vorderen Klauen betrachtete, sah ich auf einmal die Hand eines Kriegers aus dem Mittelalter. Seine Schuppen erinnerten mich an ein Kettenhemd, unter dem ich Finger erkannte, die meinen glichen! Also schloss ich: Dieser Leguan ist mein Verwandter. Ich hatte den Beweis vor Augen, dass wir alle von derselben Zelle abstammen, aus der jede Spezies sich im Laufe der Zeit herausgebildet hat, auf ihre Art und im Einklang mit dem Ökosystem. Das Foto

Leguanklaue, Galápagos-Inseln,
Ecuador, 2004.

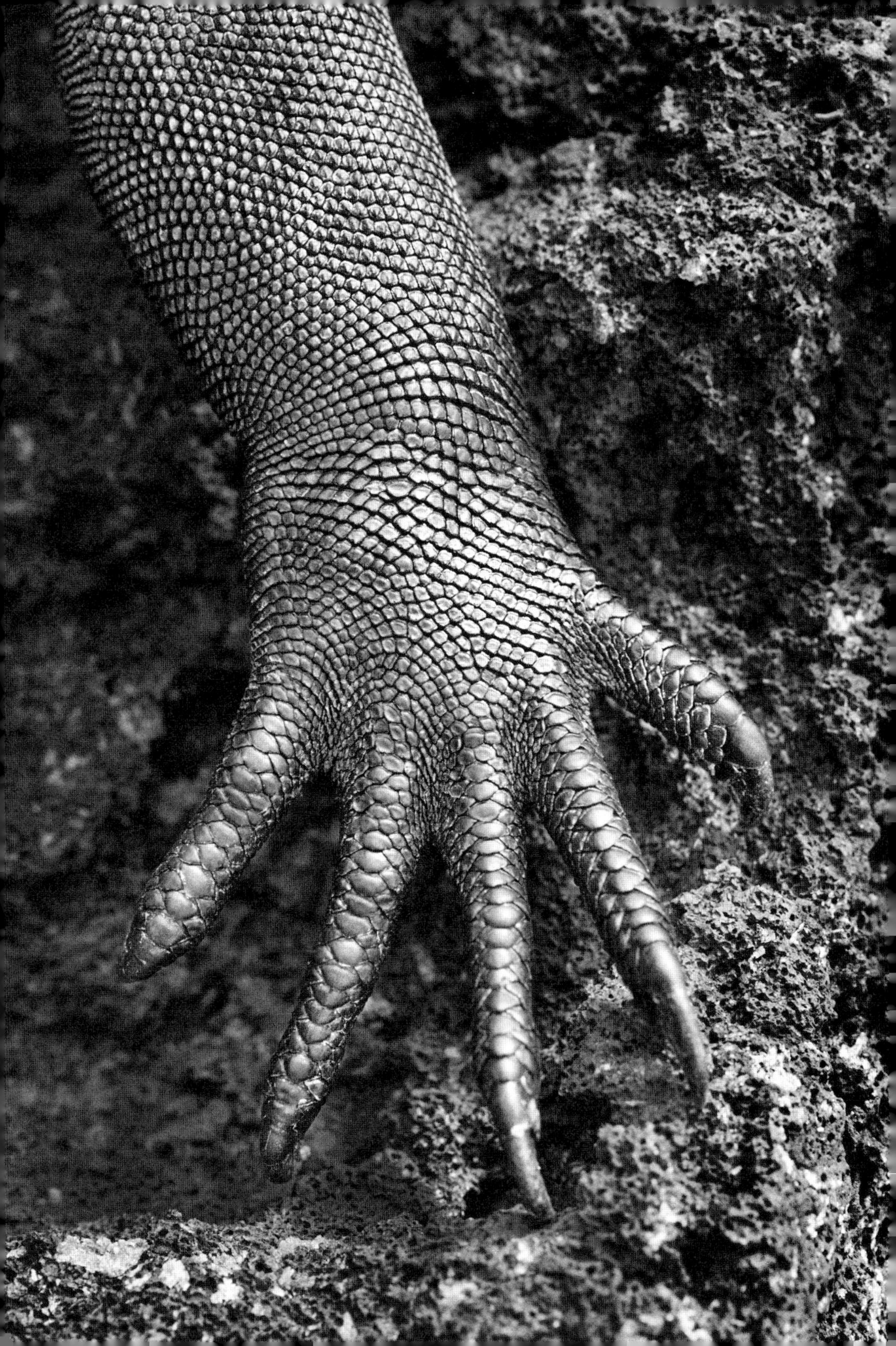

der Leguanklaue zieht Kreise, es wird in der Presse oft verwendet, und wenn es ermöglicht, diesen Gedanken weiterzutragen, wäre ich glücklich. Kurz, ich wollte mit »Genesis« die Würde und die Schönheit des Lebendigen in all seinen Bestandteilen zeigen sowie die Tatsache, dass wir alle den gleichen Ursprung haben. Die Begegnung mit dem Leguan bestätigte mir, dass der bereits gewählte Titel »Genesis« der richtige war. Er hat für mich nichts mit Religion zu tun. Er beschreibt die Harmonie des Anfangs, der die Entstehung der Arten ermöglichte. Das Wunder, von dem wir alle ein Teil sind.

19

Und der Mensch bei alledem?

Pflanzen, Mineralien und Tiere zu fotografieren war neu in meinem Fotografenleben, ein wahres Abenteuer und eine wertvolle Lektion. Doch darüber habe ich die Menschen nicht vergessen. Ich begegnete ihnen nur einfach so, wie sie leben, wie wir alle vor Zehntausenden von Jahren gelebt haben.

Um die Ursprünge der menschlichen Art ausfindig zu machen, arbeitete ich mit Gruppen zusammen, die noch im Einklang mit der Natur leben. Das sind nicht zwingend die Stämme, die am weitesten von unserer Zivilisation entfernt leben. Ich begab mich zum Beispiel an den Oberlauf des Rio Xingú, einem Nebenfluss des Amazonas. Dort leben etwa 2.500 indigene Einwohner, die Aruak, Karibisch und Tupi sprechen, verteilt auf dreizehn Dörfer, in einem Gebiet, das zweimal so groß wie Belgien ist.

Diese Völker wurden in den 1950er-Jahren entdeckt. Heute tragen die Indios Sandalen und verfügen über Macheten. Dank Solarzellen empfangen sie Radio. Jeden Nachmittag erhalten sie über Funk medizinische Hilfe der FUNAI[1], und wenn ihr Krankenpfleger nicht allein zurechtkommt, kommt ein kleines Flugzeug und bringt sie ins Krankenhaus. Es ist ihnen also durchaus bewusst, dass sie eine abseits lebende Minderheit sind. Sie sind über die Geschehnisse in der Welt auf dem Laufenden und kennen die westliche Zivilisation. Doch sie leben weiterhin nackt. Sie richten sich immer noch nach ihrem rituellen Kalender, der von kosmischen und mythologischen Quellen abgeleitet ist.

Im Sommer 2005 verbrachte ich drei Monate in der Region, um drei Stämme zu fotografieren: die Kuikuros (etwas über 450 Personen, verteilt auf zwei Dörfer), die Wauras (ungefähr 320 Personen) und die Kamayurás (etwa 350 Personen in zwei Dörfern). Ich erlebte unvergessliche Momente. Bei den Kamayurás nahm ich an einem *amuricumã* teil, einem Ritual weiblicher Machtübernahme. Der Legende zufolge gingen die Männer eines Tages auf die Jagd. Dabei verwandelte sie ein Fluch in Schweine. Bei ihrer Rückkehr ins Dorf schlugen die Frauen sie und behandelten sie wie Schweine. Nun übernahmen die Frauen die Kontrolle über den Stamm, die Organisation des Fischfangs – von dem ihre Ernährung abhängt – usw. Während des einmonatigen Rituals befehligen die Frauen die Männer, die ihnen zur Hand gehen müssen. Anschließend geht das normale Leben weiter. Die Kuikuros und die Wauras habe ich bei den Vorbereitungen für das *kuarup,* ihr Bestattungsritual, beob-

1 Fundação Nacional do Índio / Nationale Behörde für Indios. Die FUNAI ist seit 1967 für die Erfassung und den Schutz von Gebieten, die traditionell von indigenen Völkern bewohnt und genutzt werden, verantwortlich. Die Behörde ist auch für den Schutz dieser Gebiete vor unbefugten Eindringlingen zuständig. Insbesondere illegaler Bergbau, Viehzucht, Abholzung und ähnliche Aktivitäten stellen hohe Risiken für Brasiliens indigene Bevölkerung, für ihr Überleben und ihre Gesundheit dar.

achtet. Schon als Kind, wenn ich Bilder der Zeremonie sah oder Artikel über sie in brasilianischen Zeitschriften las, hatte ich davon geträumt: Ich wollte schon immer einmal dabei sein. Diese Würdigung der Toten dauert das ganze Jahr, und erreicht ihren Höhepunkt in den letzten drei Wochen. Vor der Schlusszeremonie fährt der ganze Stamm, Männer, Frauen und Kinder, fünfzehn Tage lang zum Fischen, um die drei bis vier zum Fest geladenen Stämme, etwa 1.000 bis 1.500 Gäste, verköstigen zu können. Wir stiegen alle in ihre Einbäume und fuhren in die Lagune. Nur die Alten blieben mit den Hunden im Dorf. In der Nähe des Fanggebietes bauten die Indios Feuertische auf. Auf ihnen räucherten sie den Fisch gleich nach dem Fang, um ihn haltbar zu machen. Anschließend wickelten sie ihn in dicke Blätter, die sie zu etwa dreißig Kilo schweren Paketen schnürten. Als die Fischer schätzten, dass sie genug gefangen hätten, kehrten wir ins Dorf zurück. Dort hatte man bereits einen Vorrat an Mehl angelegt, ihr Grundnahrungsmittel, das aus der Maniokwurzel gewonnen wird. Als die Gäste kamen, bewirtete man sie mit Fisch und Mehl. Jeder Stamm hatte Gewürze und Salz, die durch das Verbrennen verschiedener Blätterarten gewonnen werden, mitgebracht.

Die Gäste richteten sich im Wald ein, wo man Stellen vorbereitet hatte, an denen sie ihre Hängematten aufhängen konnten. Alle Indios schlafen ausnahmslos in Hängematten. Ein Indio ist unabhängig, wo auch immer er hingeht. Ob zum Fischfang oder auf die Jagd, er nimmt seine Hängematte, seinen Bogen, seine Pfeile und seine Fischfanggeräte mit: Er braucht nur das Nötigste. Auch ich schlief jede Nacht in einer Hängematte. Und ich könnte mein ganzes Leben lang so schlafen. In unserer Wohnung in Paris gibt es übrigens mehrere Hängematten. Die Brasilianer haben diesen Teil der indigenen Kultur übernommen: Millionen von ihnen schlafen in Hängematten, vor allem im Norden und Nordwesten des Landes.

Die großen Feste des *kuarup* sind sehr ergreifend. Sie heißen nach einem Baum, der für den Menschen steht, der ein Jahr zuvor verstorben ist. In einer von Schamanen geleiteten Zeremonie schlagen die Männer so einen *kuarup*. Dann bringen sie den Baumstumpf, der den Toten symbolisiert, auf einen Platz, den die Teilnehmer umringen. Jeder bringt etwas, was der Tote mochte, als Opfergabe mit. Dann beginnen sie vor dem Baumstumpf zu tanzen. Dabei weinen sie, um dem Toten die Liebe, die er ihnen im Laufe seines Lebens geschenkt hat, zurückzugeben. Auch die Fröhlichkeit, die er seinem Umfeld geschenkt hat, wird ihm zurückerstattet, während man ihm zugleich den Kummer derjenigen zeigt, die zurückbleiben. Zwei- oder dreihundert Menschen tanzen gleichzeitig, während die Musiker ein Instrument spielen, das dem Schweizer Alphorn ähnelt.

Nach zehn Tagen voller Gesang, Tanz, Tränen und Lachen, wenn alle sich ihrer Gefühle entledigt haben, wird für Männer und Frauen ein Wettkampf veranstaltet, eine Art Kampf wie im römischen Zirkus, in dem Dutzende von Paaren wetteifern. Es geht dabei nicht darum, Schläge auszutauschen, sondern seine Stärke zu demonstrieren. Dennoch kommt es unweigerlich zu Verletzungen. Am Ende werden die Geschenke für den Toten an das Publikum verteilt. Am Ende tragen die Indios den Baumstumpf des *kuarup* weg und werfen ihn ins Wasser: So wird der Geist des Todes ausgetrieben. Diese Rituale sind bedeutungsvoll und reich an Emotionen. An ihnen teilhaben zu können war für mich ein großes Privileg.

20

Die Achtung vor unseren Wurzeln

Wie alle Reportagen, die ich den Ureinwohnern des Amazonasgebiets widmete, hatte ich diese Reportageserie mit Anthropologen gründlich vorbereitet, auch mit der FUNAI, die dem brasilianischen Innenministerium untersteht. Die FUNAI und die »Indigenisten«, die dort die Vorhut bilden, stehen oft in der Kritik. Manche werfen ihnen vor, dass sie die Indios zu ihrem Glück zwingen wollen und an ihrer statt entscheiden, was für sie gut sei. Aber sie spielen zweifellos eine wichtige Rolle für diese mehr oder weniger bedrohten Minderheiten. Es ist vor allem der FUNAI zu verdanken, dass Brasilien als einziges Land der Welt zu mehr als 12,5 Prozent seiner Gesamtfläche aus rechtlich gesicherten indigenen Reservaten besteht. Das entspricht eineinhalb Mal der Fläche Frankreichs.

In der Vergangenheit wurden manche Amazonas-Stämme von ihrem Land vertrieben. Andere, wie die Stämme am oberen Xingú, mit denen man in den 1950er-Jahren erstmals in Kontakt trat, erlitten eine Abwanderung in die Städte nahe ihrer Reservate in Mato Grosso. Dabei sind sie Jäger und Sammler, landwirtschaftliche oder städtische Arbeiten sind ihnen fremd. Sie wurden also sehr bald zu dem, was Marxisten als Lumpenproletariat bezeichnen: Viele verfielen dem Alkohol, zahlreiche starben an Traurigkeit. Manche gingen zurück in ihr Heimatdorf und entdeckten ihre alten Bräuche wieder. Sie kehrten nicht vollständig zur traditionellen Lebensweise zurück, doch sie fanden ihre Sprache, ihre Lebensweise, ihre Kultur und ihre Geschichte wieder, erlangten die Kontrolle über ihr Schicksal.

Als 1995 die Linke in Brasilien an die Macht kam, veränderte das die Lage der Minderheiten erheblich. Viele Gebiete wurden zum Lebensraum der Ureinwohner erklärt, andere gesetzlich festgeschrieben. Manchmal erreichten die Indigenisten, dass die Regierung Bauern von unrechtmäßig genutzten Flächen vertrieb. Im Juni 2013 machte ich eine Reportage mit »Survival International«[1] und der FUNAI über das Gebiet der Awa-Indianer, um anzuprangern, dass Bauern es in Beschlag genommen hatten und dass Holz gestohlen wurde. Das Awa-Gebiet und seine Wälder sind gleichzeitig auch öffentlicher Besitz. Darüber hinaus werden die Zuflüsse des Xingú durch Insektenschutzmittel und Dünger, die auf den gewaltigen Sojafeldern in der Nähe des Naturreservats eingesetzt werden, verunreinigt. Zudem verändert die Abholzung das Ökosystem der Region, und schließlich vermindert der Bau hydroelektronischer Staudämme flussaufwärts die Durchflussmenge und die Größe des Flusses. Die Entstehung des Riesenstaudamms von Belo Monte auf

1 Survival International ist eine internationale, in London gegründete NGO, die seit 1969 indigene Völker unterstützt und den Schutz ihrer Land- und Menschenrechte vorantreibt.

mittlerer Höhe des Xingú ist eine gewaltige Bedrohung für den Wald, den Fluss und die Ureinwohner. Wenn das Projekt zu Ende geführt wird, wird es eines der größten Umweltverbrechen unserer Ära darstellen.

Ohne die FUNAI wären manche Stämme vielleicht schon ausgestorben. Zum Beispiel der Stamm Zo'é, den ich 2009 besuchte und der damals aus 278 Mitgliedern bestand. Es handelt sich um eine Minderheit, die der Tupi-Guarani-Sprachgruppe angehört, die normalerweise an der Atlantikküste zu finden ist. Doch die Zo'é leben weit vom Meer entfernt: Einige von ihnen müssen sich vor sehr langer Zeit in die Wälder geschlagen haben und nie zurückgekehrt sein. Im 16. Jahrhundert erwähnten die Jesuiten in ihren Schriften, dass sie nicht weit vom Amazonas zu finden seien. Dann verlor man sie aus den Augen, bis sie vor nicht allzu langer Zeit wiederentdeckt wurden. Ein Irrtum ist ausgeschlossen, denn sie tragen das typische Holzstück zwischen Unterlippe und Kinn. 1982 tauchten nordamerikanische Missionare bei ihnen auf, um die »verirrten Seelen« zu Gott zu führen. Mit Hilfe der Bundespolizei griff die FUNAI ein und vertrieb die Evangelisten mit allem, was sie mitgebracht hatten. Abgesehen von dieser Begegnung, leben die Zo'é isoliert und erhalten nur manchmal und in einem geregelten Rahmen Besuch von Weißen wie mir.

Die FUNAI erlaubt Besuche, sofern die Indios einverstanden sind. Nichtsdestotrotz besteht sie auf strengen Hygienevorschriften: Diese Völker kennen keine Infektionskrankheiten, und es besteht die Gefahr, dass wir sie übertragen. Bevor sich Besucher in ihre Nähe begeben, müssen sie eine Reihe von Tests und Handlungsempfehlungen über sich ergehen lassen. Zum Beispiel darf man den Kindern keine Bonbons schenken. Ihre Zähne sind einwandfrei, aber wenn wir unseren Zucker bei ihnen einführen, bekommen sie Karies. Die FUNAI führt auch die Verhandlungen mit den Stämmen, und gemeinsam entscheiden sie darüber, welche Gegenleistung wir für die Erlaubnis, bei ihnen arbeiten zu dürfen, erbringen müssen. Den meisten sind Geschenke lieber als Geld. Manche baten um Außenbordmotoren. Andere wollten *misangues,* kleine farbige Perlen, die sie zur Herstellung ihres Schmucks verwenden. Wir brachten ihnen welche mit. Die Indios hatten uns gewarnt: Sie wollten nicht die aus China, die nicht so schön waren. Sie wollten die besten: die tschechischen!

Ich verbrachte fast zwei Monate bei den Zo'é, gemeinsam mit der Linguistin Ana Suelly Arruda [2] von der Universität von Brasília, die mir half, mit ihnen ins Gespräch zu kommen. Im Laufe der Zeit schloss ich Freundschaft mit Ypo. Ich mochte ihn sehr. Wir gingen stundenlang spazieren. Er war unschlagbar, wenn es darum ging, Schlangen zu fangen, und seine Pfeile verfehlten nie ihr Ziel. Er war fasziniert von meinem Schweizer Taschenmesser. Aber João, der Mitarbeiter der FUNAI, hatte mir nahegelegt, ihnen nichts zu geben. Ich erklärte Ypo, dass mich João nie wieder zu ihm lassen würde, wenn ich ihm mein Messer schenke. Er antwortete: »Das ist gut so, aber wenn du mit dem Flugzeug wegfliegst, wirf dein Messer ab, wenn du über dem Wald bist. Ich weiß, wo das Flugzeug entlang

2 Ana Suelly Arruda Câmara Cabral ist derzeit außerordentliche Professorin am Institut für Linguistik und klassische Sprachen der Universität Brasília.
Sie koordiniert dort das Laboratorium für indigene Sprache und Literatur (LALLI).

fliegt, ich werde es mir holen.« Ich fand das wundervoll: In diesem Wald etwas zu finden, schien unmöglich, aber er glaubte es zu können. Ich bin mir fast sicher, dass er mein Messer gefunden hätte, wenn ich es abgeworfen hätte. Doch ich tat es nicht. Niemand hat das Recht zu entscheiden, was gut für sie ist, aber ich entschied mich dafür, die Vorgaben der FUNAI zu beachten. Mein Projekt bestand nicht darin, zu urteilen und auch nicht darin, eine anthropologische Analyse durchzuführen.

Im Jahr 2012, lange nach meinem Besuch, verschwanden die Zo'é. Sie verließen ihr Dorf, abgesehen von den Alten, die nicht laufen konnten. Sie liefen 300 Kilometer durch den Wald, um eine Stadt anzuschauen und die Welt zu sehen, von der die Religionsvertreter und einige weiße Besucher wie ich ihnen erzählt hatten. Ich erfuhr, dass sie schließlich nach Hause zurückkehrten. Dieses Mal hatte niemand für sie entschieden: Es war ihnen einfach lieber gewesen, ihr altes Leben wiederaufzunehmen.

Dieses Volk verzauberte mich durch seine Sanftheit. Es kennt keine Gewalt, keinen großen Streit. Noch überraschender ist, dass es keine Lügen kennt. Ich weiß nicht, welche Zivilisation die Lüge erfunden hat, aber die Zo'é lügen nicht. Wenn es zu Missverständnissen kommt, steigen die beiden Gegner auf einen Baumstumpf. Jeder stellt sich auf eine Seite und die Gemeinschaft hinter sie. Nacheinander legen sie die Gründe für ihre Meinungsverschiedenheit dar. Wenn einer ein Argument vorbringt, wird es von jemandem im Publikum sofort korrigiert oder abgemildert; der Andere antwortet und so weiter. Es ist fast wie ein Exorzismus. Auf jeden Fall endet das Missverständnis in Eintracht und gibt Anlass für ein Versöhnungsfest. Bei diesem Stamm gibt es kein »Nein« und auch keine Einschränkungen. Ich erfuhr es am eigenen Leib, als ich eines Tages eine Gruppe Frauen und Kinder fotografierte, in der ein Junge nicht aufhören wollte herumzutoben. Als es mir zu viel wurde, bat ich Ana Suelly, seine Mutter aufzufordern, den Kleinen zu beruhigen. Sie diskutierte mit der Mutter und erklärte mir dann beschämt: »Sebastião, sie kennen keine Zurechtweisungen, sie wissen nicht, wie man Nein sagt.«

All diese Menschen, die nackt leben wie zu Urzeiten, wussten genau, was ein Fotoapparat ist. Sie posierten vor der Kamera und waren stolz, sich durch meine Arbeit gesehen und beachtet zu fühlen. Sie wissen, wie sie aussehen, denn sie sehen ihr Spiegelbild im Wasser. Und als die Evangelisten aus dem Dorf vertrieben wurden, überzeugten die Frauen der Zo'é die FUNAI, ihnen ein Ding zu überlassen, das die Nordamerikaner ihnen gezeigt hatten und das sie nicht mehr aufgeben wollten: Spiegel. Darüber hinaus gibt es nichts, worum sie uns beneiden müssten. Sie haben eine Reihe von Arzneimitteln, sie kennen Antibiotika und entzündungshemmende Medikamente. Wir haben den Prozess industrialisiert und stellen synthetische Produkte her, sie aber wissen um die naturgegebenen Inhaltsstoffe und ihre Zusammensetzung. Auch die Gesetze der Ballistik sind für sie kein Geheimnis. Sie setzen die Federn anders auf ihre Pfeile, je nachdem, ob sie weit fliegen oder ein bestimmtes Ziel treffen sollen. Wir haben diese Vorgänge mathematisch durchgerechnet, aber abgeleitet werden sie vom selben Wissen. Beide Geschlechter leben polygam. Dank genauer Erfassung der Stammbäume vermeiden sie dabei Inzucht. Kurz gesagt, sie haben eine Art

Wissenschaft und ein Sozialsystem entwickelt. Sie beten keinen Gott an, beziehen sich auf keine höhere Macht und haben keine Religion, jedoch Riten, und sie sind sehr weise. Sie haben einen besonderen Sinn für Solidarität. Sie verlieben sich, lieben ihre Kinder – sie sind uns in allem sehr ähnlich, aber sie leben wie wir vor zehntausend Jahren. Was uns unterscheidet, ist der Bezug zur Natur.

Wie alle Völker, die ich für »Genesis« traf, besitzen sie eine tiefgehende Kenntnis ihrer Umgebung. Seit der Entwicklung der Städte kennen wir die Namen der Bäume nicht mehr, wir achten nicht auf die Paarungszeit der Tiere, wir wissen nichts mehr über den Lauf der Natur. In Europa fand die Landflucht in einem Zeitraum von mehreren Jahrhunderten statt, während die Bevölkerung in Brasilien, die zu 90 Prozent auf dem Land lebte, innerhalb von fünfzig Jahren zu 90 Prozent in die Städte zog. Eine brutale Veränderung, die zu einem Bruch zwischen Mensch und Natur führte. Aber dieses Phänomen lässt sich überall auf der Welt beobachten.

Abbildung auf der nachfolgenden Seite:

Die Frauen im Zo'é-Dorf von Towari Ypy benutzen die roten Früchte des Annatostrauchs, um ihre Körper einzufärben. Bundesstaat Pará, Brasilien 2009.

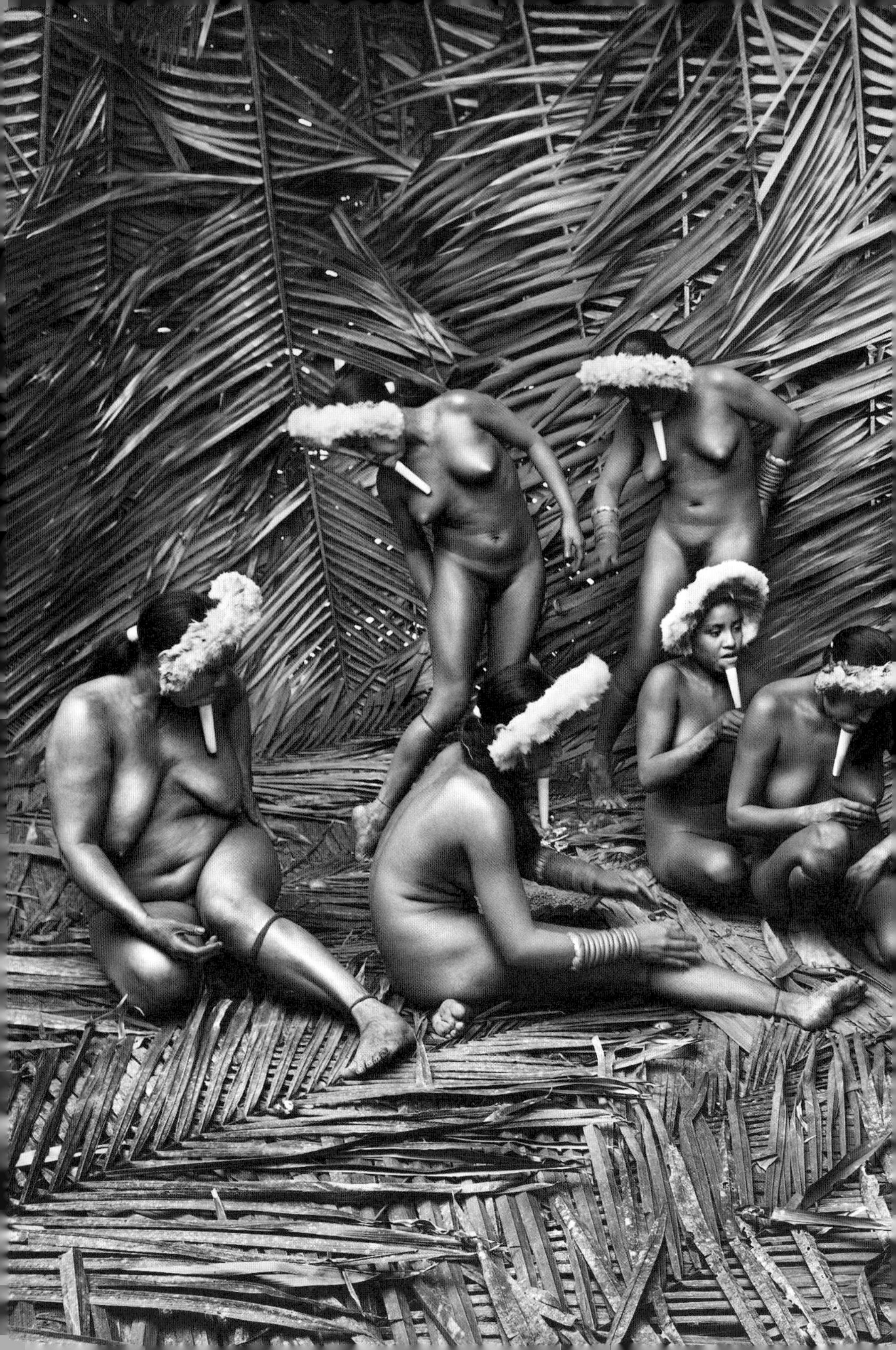

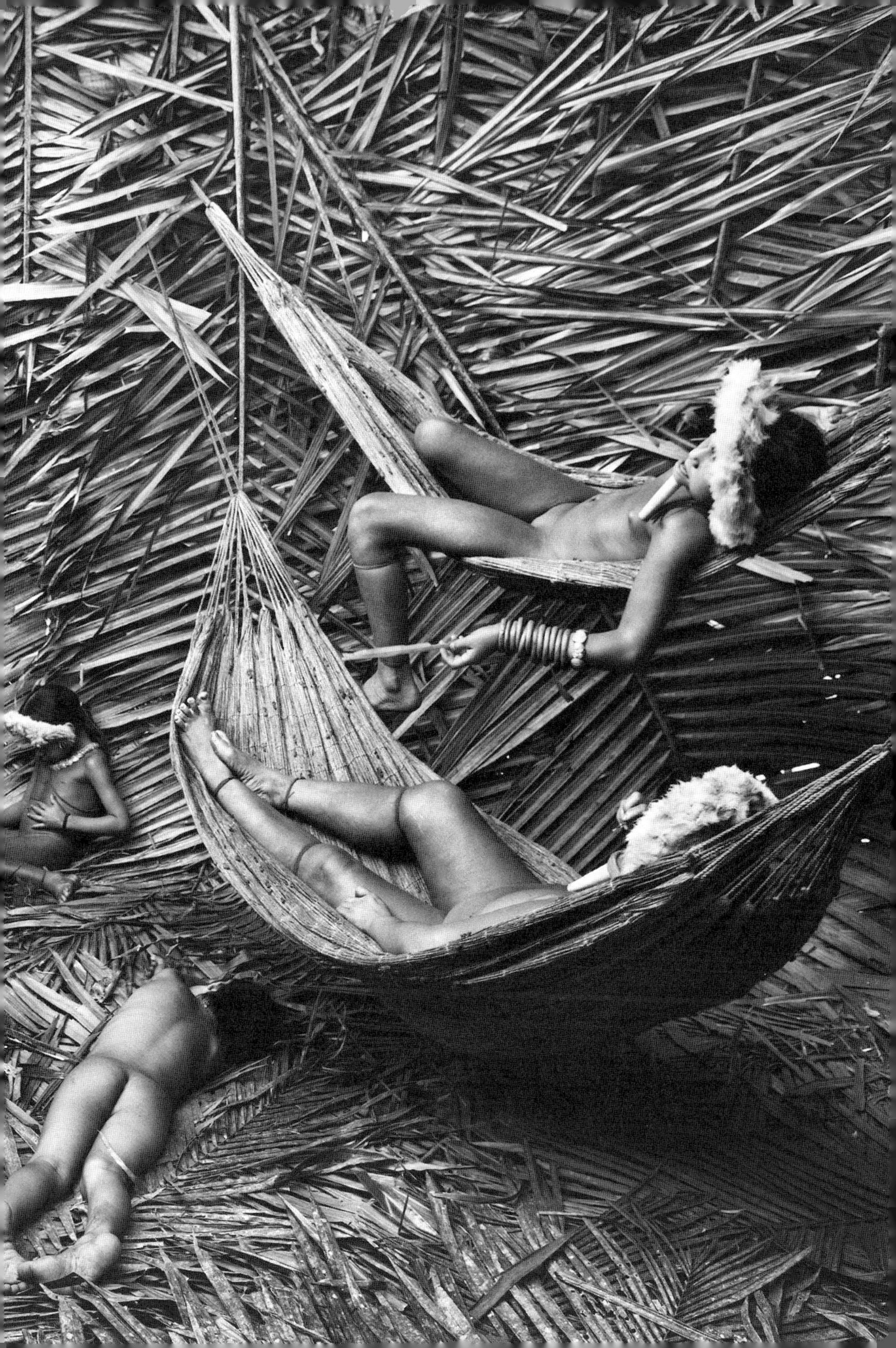

21

Meine digitale Revolution

Mitten im Projekt »Genesis« wechselte ich von analoger auf digitale Fotografie. Eine Revolution! Vor allem, weil das Projekt bereits zwei große Herausforderungen für mich bereithielt: zu fotografieren, was ich bis dahin noch nie fotografiert hatte, Landschaften und Tiere, und ein geändertes Aufnahmeformat. Ich wechselte zum Mittelformat 4,5 x 6, um eine höhere Bildqualität bei großen Abzügen zu erzielen. Von 2004 bis 2008 benutzte ich die Pentax 645[1], obwohl ich vorher mit Leicas und im Kleinbildformat 24 x 36 gearbeitet hatte. Das Mittelformat bedeutet nicht nur eine Veränderung der Größe und des Gewichts der Kamera, es verändert die gesamte Tiefenschärfe. Nichts funktioniert auf dieselbe Weise wie beim Kleinbildformat. Man muss eine viel kleinere Blendenzahl verwenden. Die Größe und die Proportionen des Negativs sind nicht die gleichen. Das Mittelformat ist quadratischer. Ich hatte viel

1 Die Negative des Mittelformats sind 41,5 x 56 mm groß. Das Format 24 x 36 mm entspricht dem analogen Kleinbildformat.

öfter schräge Horizontlinien, obwohl mir das mit der Leica nie passiert war.

In meine Kleinbildkameras legte ich TriX-400er Filme ein. Im Mittelformat fand ich mich mit dem TriX-320-Planfilm wieder, eine andere Version des Films.[2] Ein Film, der für Studioaufnahmen und Hochzeitsfotos gedacht war. Bei bestimmten Lichtverhältnissen passte er gut, aber bei anderen, wie in grünem Dickicht beispielsweise, verhielt er sich sehr schwierig. Also war ich auf einen Film angewiesen, der dreimal mehr Fläche und eine geringere Qualität aufwies. Mit der Erhöhung der Rohstoffpreise hatte sich die Zusammensetzung der Filme verändert: Je höher der Silberkurs stieg, desto weniger Silbersalze enthielten die Fotoemulsionen[3]. Dadurch verringerten sich die Grauschattierungen. Mit »Imaginoir«[4] und »Philippe Bachelier«[5], den beiden Labors, mit denen ich zusammenarbeite, mussten wir ein individuelles Entwicklungsverfahren einführen. Imaginoir veränderte die traditionelle chemische Formel des D76-Entwicklers von Kodak. Und Philippe und ich stöberten eine passende Entwicklerlösung im hintersten Winkel Deutschlands auf.[6] Kurz gesagt, es war kompliziert.

---

2 Den Kodak-Film TriX gibt es in zwei Versionen, mit 320 und 400 ISO. Der TriX 400 wurde für die Kleinbildkamera und das Mittelformat 120 hergestellt, dessen Länge bei der Pentax 645 nur 16 Bilder erlaubt. Das Mittelformat 220 ermöglichte 32 Aufnahmen. Im 220-Format stand nur die 320-ISO-Version zur Verfügung. Sie wurde von Kodak bis 2010 hergestellt.

3 Die lichtempfindliche Fotoemulsion ist eine dünne Schicht auf fotografischen Filmen, eine Aufschlämmung von in Gelatine fein verteiltem Silberbromid, -iodid oder -chlorid.

4 2007 wird das Pariser Labor Imaginoir durch eine öffentliche Auktion von Fotografien vor dem Bankrott gerettet; auch Salgado hatte Bilder dafür gestiftet.

5 Philippe Bachelier (*1959) arbeitet seit 1968 als Fotograf und ist bekannt als technischer Berater für Fotoentwicklung in Schwarz-Weiß; www.philipbachelier.com.

6 Entwickler Calbe A49

Dann stellt der 11. September das Leben von Fotografen auf den Kopf. Mit Filmen zu reisen wurde nach der Einrichtung der Sicherheitsschranken an Flughäfen zur Hölle. Wird ein Film drei- oder viermal geröntgt, leiden seine Grauschattierungen.

Je weiter ich mit meinen Reportagen vorankam, desto strenger wurden die Sicherheitskontrollen an den Flughäfen. Eine Woche vor unserer Abreise begannen Jacques und ich nervös zu werden. Ich plante, unter schwierigsten Bedingungen für den Filmtransport ans Ende der Welt zu reisen, im Wissen, dass es für meine Filme keine Gnade geben würde. Ich reiste immer mit einem Handköfferchen mit 600 Filmen, was 28 Kilo Handgepäck bedeutete, das ich in die Kabine mitnahm. Jedes Mal musste ich mich gegen die Sicherheitskontrolleure zur Wehr setzen. »Paris Match« und »Kodak«[7] hatten mir Schreiben aufgesetzt, die das Problem erklärten und eine manuelle Kontrolle forderten. Doch wie viele Flüge habe ich verpasst, weil die Kontrolleure davon nichts wissen wollten! Ich musste dann immer bis zur Flughafenleitung gehen. Am Ende war das jedes Mal ein derartiger Aufstand, dass ich kurz davorstand, meine geliebte Fotografie aufzugeben. Zu jener Zeit hatte die Digitalfotografie phänomenale Fortschritte gemacht. Also begann ich über einen Wechsel nachzudenken.

Philippe Bachelier, ein befreundeter Fotograf und großer Forschergeist im Bereich der Digitalfotografie, versicherte mir, dass man mit den neuesten Spiegelreflexkameras eine sehr gute Qualität erreichen konnte. Im Juni 2008 begannen wir mit Vergleichstests.

---

7 Die in den 1890er-Jahren in den USA gegründete Eastman Kodak Company war bis 2009 einer der bedeutendsten Hersteller für fotografische Ausrüstung und Filmmaterial.

Canon lieh mir ihre hochwertigste Kamera, die EOS-1Ds Mark III. Und angesichts der exzellenten Ergebnisse wusste ich, dass wir es wagen konnten. Das Problem war die Speicherung auf Festplatten: Fast zwei Jahre lang kämpfte ich mit Philippe und den Entwicklern der Agentur, Valérie Hue und Olivier Jamin, und danach mit dem »Laboratoire Dupon«[8] wie verrückt darum. Schließlich erhielten wir aus Digitaldateien Schwarz-Weiß-Negative im Format 4x5.[9] Diese Negative sind von höchster Qualität. Wir konnten also mit der analogen Entwicklung fortfahren, gingen aber von digitalen Aufnahmen aus. So vermieden wir die Speicherprobleme, die bis heute ungelöst sind.

Mit der Bildbearbeitung und -auswahl am Computer kenne ich mich nicht aus. Ich habe noch nie am Bildschirm gearbeitet. Mein Wechsel zur Digitalfotografie hat meine Vorgehensweise nicht verändert. Der einzige Unterschied ist, dass ich anstatt eines 28 Kilogramm schweren Koffers 700 Gramm Speicherkarten mitnehme, denen Röntgenstrahlen nichts anhaben können. Ich nehme weder Computer noch Festplatten mit. Ich fotografiere nur mit Blick durch den Sucher, wie ich es mein ganzes Leben lang getan habe. Wenn ich »Amazonas Images« meine Speicherkarten bringe, machen wir Kontaktabzüge mit dem Tintenstrahldrucker, und ich schaue sie mir mit der Lupe an, wie ich es immer getan habe. Anschließend stellt Adrien Bouillon[10] Testabzüge auf 13x18 cm her. Ich nehme eine Erstauswahl mit Françoise Piffard und unter der Aufsicht von

8 Heute Dupon Phidap, www.centraldupon.com

9 4 x 5 Zoll, etwa 10 x 15 cm

10 Adrien Bouillon ist bei Amazonas Images auch für die Nachbearbeitung verantwortlich.

Marcia Mariano[11] vor, die Kontakt mit den Labors hält, erstellen Valérie und Olivier Abzüge im Format 24x30 cm. Durch den Wechsel vom Film auf den Digitalspeicher habe ich nur den Träger geändert. Die Sprache ist die gleiche geblieben. Der große Unterschied ist die tausendfach höhere Qualität der Abzüge.

Da ich nur mit natürlichem Licht arbeite, war es für mich zuvor schwierig, perfekte Abzüge zu erhalten. Bei der Vergrößerung hatte man einige Sekunden Zeit für die Abdunkelung, aber man erhielt nie ein einwandfreies Ergebnis. Nun jedoch ist das möglich. Die Entwickler können jeden Teil des Bildes bearbeiten. Ein weiterer Vorteil ist, dass ich mit sehr wenig Licht arbeiten und dadurch die Empfindlichkeit erhöhen kann. Hätte ich die Digitalfotografie schon vor zwanzig Jahren entdeckt, besäße ich heute die doppelte Menge an Fotos. Mindestens 95 Prozent der Bilder, die ich in Innenräumen gemacht habe, sind verloren, weil ich Menschen in Bewegung, bei verschiedenen Tätigkeiten fotografierte. So etwas mit einer Viertel- oder Halbsekunde aufzunehmen, ermöglichte selten ein scharfes Bild. Mit dem heutigen Material hätte ich das geschafft.

Außerdem ist die Umweltbelastung geringer. Vorher warfen wir jeden Tag Fixiermittel weg. Wie viele Tausende Liter wir auf diese Weise verbraucht haben! Mit dem Computer und dem Tintenstrahldruck ist das Vergangenheit.

11 Françoise Piffard und Marcia Navarro Mariano verantworten Editing und Production.

22

Auf den Spuren der Königin von Saba

Meine Reportage über die äthiopische Hochebene, von der Stadt Lalibela bis zum Nationalpark Simien, war eine der ersten, die ich digital fotografierte. Es war vielleicht auch die schönste und interessanteste Reise meines ganzen Lebens. Es war eine Herausforderung, denn fast niemand wagte sich in diese quasi unbekannten Gebiete. Es hieß, sie seien gefährlich. Würde ich die Reise körperlich durchstehen? Was, wenn ich mir ein Bein brach, von einer Schlange gebissen würde, wie würde ich gerettet werden können?

Im Herbst 2008 lief ich mindestens 850 Kilometer durch die Berge, die man nicht anders als zu Fuß überwinden kann. 55 Tage lang ging ich nicht auf Straßen, sondern auf Pfaden, bei denen nie Hand angelegt worden war: Durch die Wanderer, die hier im Laufe der Jahrtausende durchgekommen waren, hatten sich Wegschneisen gebildet.

Es existieren keine genauen topografischen Aufzeichnungen. Ich kletterte drei Mal über 4.200 Meter, am tiefsten Punkt waren es etwa

1.000 oder 1.500 Meter. Indem ich diese wunderschönen Gipfel erklomm, reiste ich in der Geschichte zurück.

Man hatte mir geraten, mich vor den Ureinwohnern zu hüten. Anfangs begleiteten uns zwei mit Kalaschnikows bewaffnete Wachmänner, mich und meine kleine Eselkarawane, die unsere Verpflegung trug, mit ihren Führern. Abgesehen von den Kindern, die erschraken, weil sie noch nie einen Weißen gesehen hatten, zudem einen kahlköpfigen, wurden wir überall wunderbar empfangen, so herzlich, dass ich meine Bewacher bald wegschickte. Alle zwei Tage kontaktierte ich mit meinem Satellitentelefon »Géo-Découverte«[1], eine Schweizer Organisation, die Reiserouten für Wissenschaftler erstellt. Mit ihnen hatte ich meine Reise sorgfältig geplant. Ich übermittelte ihnen meine GPS-Position, und sie teilten mir mit, ob ich in die richtige Richtung ging.

Malcolm, mein äthiopischer Führer, war ein phänomenaler Mann, was haben wir miteinander gelacht! Er war Landwirtschaftsingenieur und stand meinen Schweizer Freunden von »Géo-Découverte« nahe. Er war diesen Weg noch nie gegangen, war aber Chef der Expedition. Außerdem begleitete uns ein äthiopischer Marathonläufer. Er schleppte die Fotoausrüstung – die Esel hätten sie zu stark durchgeschüttelt. Ich selbst trug die Gehäuse. Um meine Kamerabatterien aufzuladen, hatten wir sehr leichte, faltbare Solarzellen mitgenommen sowie kleine Akkus, um die Energie zu speichern. Wenn wir in den Dörfern haltmachten, lud ich die Batterien meiner Kameras, meines Telefons, meines Rasierers – ich rasiere

1 Eine 1985 von Luigi Cantamessa gegründete Reiseagentur mit Firmensitzen in Genf und Lausanne

mir seit 1994 den Schädel, denn zu der Zeit, als ich lange Haare und Bart trug, hatte ich unterwegs zu viele Parasiten aufgesammelt. Kurz gesagt, wir waren unabhängig von stationärer Stromversorgung.

Jeden Tag legten wir durchschnittlich 20 bis 30 Kilometer zurück, oft über Geröll, mit kühlen Temperaturen in den Höhen und recht warmen auf 1.500 Metern. Wir sahen Schnee und durchquerten dann wieder sehr trockene Gebiete. Manchmal vergingen vier oder fünf Tage, ohne dass wir uns wuschen. Wenn wir dann auf einen Bach stießen, stürzten sich alle ins Wasser. Wir gestatteten uns fünf, sechs Stunden der Entspannung, wuschen unsere Wäsche, und sobald sie getrocknet war, machten wir uns wieder auf den Weg. Es war eine harte, aber zugleich eine tolle Zeit. Auf manchen Wegen, so wussten wir, war ich der erste Mensch aus dem Westen, der sie betrat. Auf jeden Fall konnten die örtlichen Bewohner sich nicht erinnern, jemals einen getroffen zu haben. Ich tauchte in eine unglaubliche jüdisch-christlich geprägte Welt ein, die auf frappierende Weise der Kirche ähnelte, wie sie das Neue Testament beschreibt.

Die Äthiopier sind Semiten und sehen sich selbst als Nachfahren der Königin von Saba und des Königs Salomon. Sie sind stolz darauf, das einzige Volk Afrikas zu sein, das nie kolonisiert wurde. Viele äthiopische Juden, die Falaschen [2], wanderten in den 1980er-Jahren nach Israel aus. Mehr als 60 Prozent der Bevölkerung sind christlich und 30 Prozent muslimisch. Die Christianisierung fand wohl bereits im 4. Jahrhundert statt, nach der Konversion von König Ezana [3].

2 Heute meist Beta Israel genannt

3 Ezana war im 4. Jahrhundert König des Reichs Aksum, das das heutige Eritrea, Teile von Äthiopien, des Sudans und Jemens umfasste. Ezana führte das Christentum in Aksum ein.

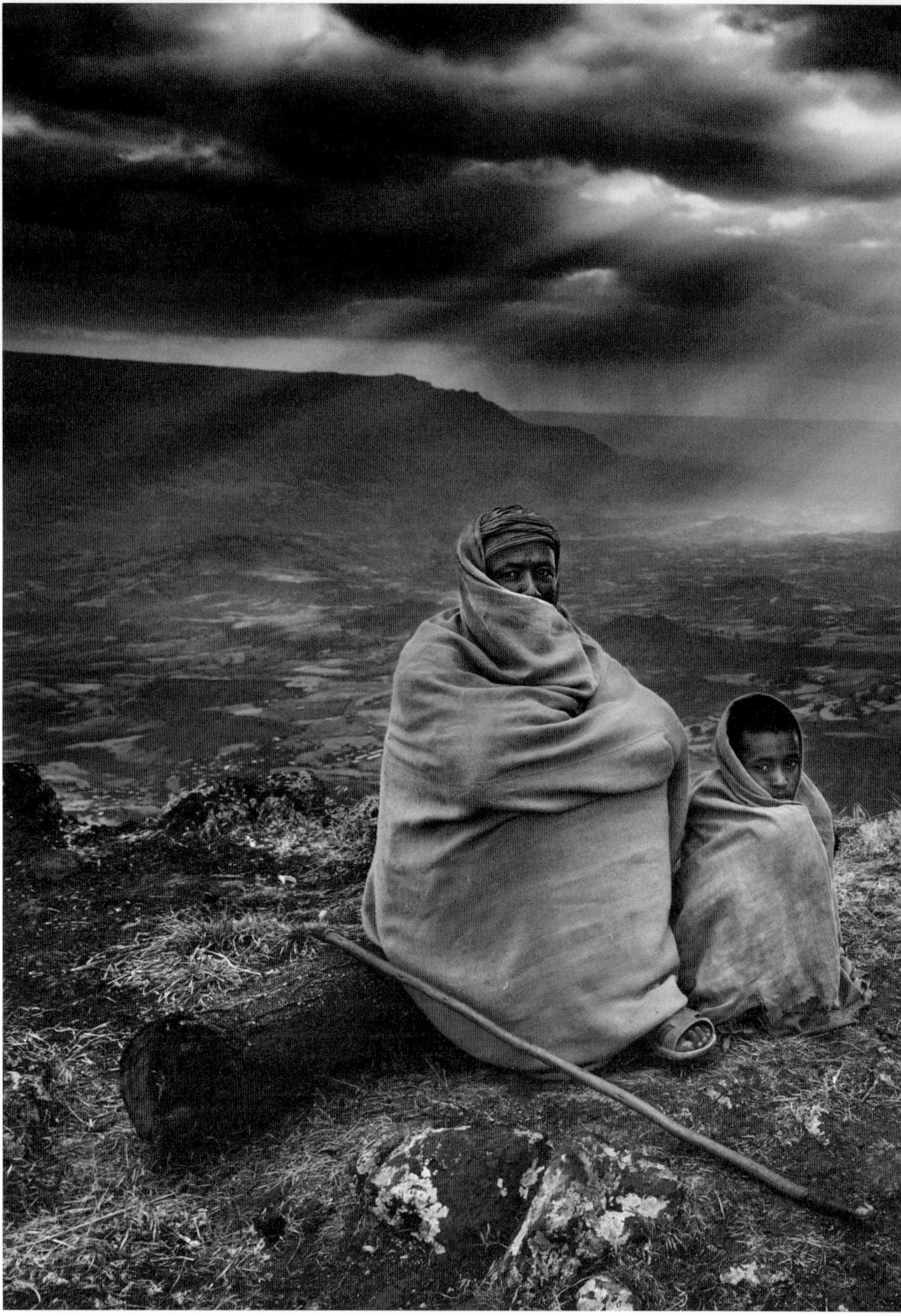

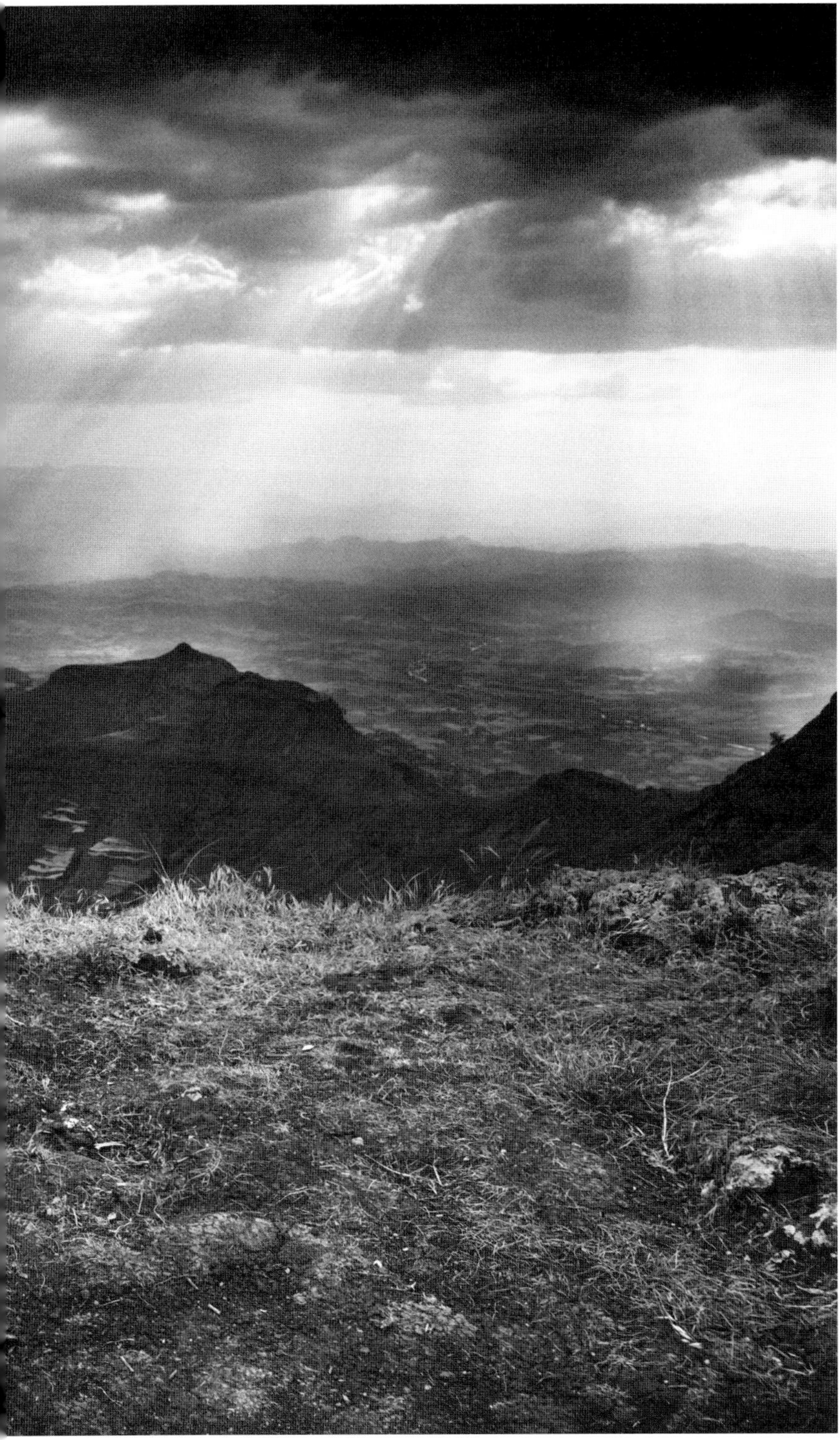

Blick in das Tal, das sich von Lalibela bis Makina Lideta Maryan erstreckt. Äthiopien, 2008.

In diesem Land besteht neben anderen orientalisch-orthodoxen Gemeinschaften eine miaphysitische christliche Tradition fort.[4]

Zwei- oder dreimal kamen uns, als wir erschöpft in den Dörfern eintrafen, Frauen entgegen. Sie zogen uns die Schuhe aus und wuschen uns mit ein wenig Wasser die Füße. Dann streichelten und küssten sie sie. Wir wurden behandelt wie Christus im Evangelium![5] Das war sehr bewegend. Wir bekamen jedes Mal Geschenke, Nahrung und andere Gaben. Es fehlte uns während der ganzen Reise an nichts. Wir hatten unsere Esel mit Nudeln, Haferflocken, Thunfischdosen, Schmelzkäse und anderen lang haltbaren Lebensmitteln beladen im Glauben, dass wir vor Ort nichts vorfinden würden. Aber wir wurden überall wie wichtige Gäste empfangen. Ich begegnete großzügigen Einwohnern, die sich rührend um uns kümmerten.

Ich war bei Ritualen in ihren Höhlenkirchen dabei, die uns ins Innere der Erde und zum Anbeginn der Zeit führten. Ihre Messen sind ein langer Singsang auf Ge'ez[6], der Liturgiesprache semitischen Ursprungs, die alle Abessinier mit ihren 200 Dialekten gemeinsam haben. Es war wunderbar, aber das hatte ich nicht anders erwartet. Durch die Reise erfuhr ich jedoch die sagenhafte Wahrheit über etwas, das ich nicht geahnt hatte: Die fruchtbare Erde der Ägypter, deren Geschichte wir immer wieder gelesen und studiert haben,

4 Der Miaphysitismus ist die christologische Lehre, dass Jesus Christus nur eine einzige, göttliche Natur habe. Sie steht der Zwei-Naturen-Lehre, die von einer göttlichen und einer menschlichen Natur Christi ausgeht, entgegen.

5 In der Passage des Evangeliums »Die Salbung in Bethanien« (Joh. 12, 1– 3) beschreibt Johannes, wie Maria von Bethanien Jesus' Füße salbt.

6 Altäthiopisch, das heute ausgestorben ist und nur als Kirchensprache weiterlebt.

stammt aus den äthiopischen Bergen. Die Zivilisation der Pharaonen, die den Ursprung unserer Zivilisation und unserer Religionen darstellt, gedieh dank der Erde von den abessinischen Hügeln. Das mag unglaublich erscheinen, doch stieß ich dort auf das Geheimnis der Fruchtbarkeit des Nil-Tales.

Sein Schluff entsteht in diesen Bergen durch die Erosion ihrer Gipfel. Das Sediment sinkt in die umliegenden Täler ab und erschafft dabei Canyons, so groß wie die des Hochplateaus im nordamerikanischen Colorado. Vom Regen abgetragen, gelangt es in die Bäche, die in den Tekezé münden, den größten Zulauf des blauen Nils. Der blaue Nil aber wird durch den Zusammenfluss mit dem weißen Nil im Sudan zum Nil. Beim Anblick dieser gewaltigen Canyons spürte ich Dankbarkeit. Für all das, was die Völker des Ortes für die Menschheit getan hatten, für ihren Beitrag zu einer Geschichte, die mich meine ganze Kindheit über zum Träumen gebracht hatte. Es rührte mich tief, diese Erde und diese Steine anzufassen, die für das Schicksal unseres Planeten eine so bedeutende Rolle gespielt hatten. Ich verstand, wie wichtig Mineralien für unsere Welt sind. Als ich in diese Erde griff, dachte ich: Sie ist auch ein bisschen ich selbst. Sie und ich sind Teil desselben Planeten. Wir sind Teil derselben Geschichte.

Letztendlich kam ich zu dem Schluss, dass es kaum einen Unterschied zwischen mir und dieser Erde gibt, nicht mehr als zwischen mir und dem Leguan auf Galápagos. »Genesis« lehrte mich, dass alles verbunden und alles lebendig ist. »Genesis« ist mein Liebesbrief an die Natur. Die Menschen habe ich darüber nicht vergessen, denn auch sie sind Bestandteil dieser fantastischen Natur.

23

Eine Welt in Schwarz-Weiß

Nur weil ich mich mit »Genesis« der Natur zuwandte, heißt das nicht, dass ich auf Schwarz-Weiß verzichtet hätte. Ich brauche weder Grün, um die Bäume zu zeigen, noch Blau für Meer oder Himmel. Farbe interessiert mich in der Fotografie wenig. Früher machte ich auch Farbaufnahmen, insbesondere für Magazinaufträge, aber das barg eine ganze Reihe von Nachteilen: Bevor es die Digitalfotografie gab, waren die Einstellungen für die Aufnahmen sehr stark festgelegt. Mit Schwarz-Weiß-Filmen kann man ein wenig überblenden und die Fotos anschließend im Labor bearbeiten, bis man genau das erhält, was man bei der Aufnahme erfassen wollte. In Farbe war das unmöglich.

Für analoge Farbfotografien arbeitete ich mit Dias. Wir legten sie auf einen Leuchttisch, um sie anzuschauen, und behielten nur die gelungenen. Das Problem war, dass wir bei diesem Vorgehen Abfolgen auseinanderrissen, und das störte mich gewaltig. Im Gegensatz dazu wird ein Schwarz-Weiß-Film vollständig auf Fotopapier reproduziert. Bei diesem Kontaktabzug bleibt die Bilderserie vollständig, misslungene Fotos inbegriffen. So behält die Geschichte ihre Kontinuität.

Wenn ich die analogen Schwarz-Weiß-Fotos bearbeitete, erlebte ich diesen Augenblick ebenso intensiv wie den Moment der Aufnahme selbst. Ich erinnere mich, dass ich mich erneut krank fühlte, tief erschöpft, als ich die Kontaktabzüge einer meiner Reportagen für »Anderes Amerika« bearbeitete, bei der ich mir Hepatitis eingefangen hatte – damals machte ich die Entwicklung und die Abzüge noch selbst. Das für mich essenzielle Konzept der Kontinuität wird durch die digitale Fotografie gestärkt, da die Kamera die Uhrzeit jeder Aufnahme bis auf die Sekunde genau festhält und so die Bilderfolge exakt wiedergibt. Der Kontaktabzug ist ein äußerst wichtiger Bestandteil meiner Fotografie. Ich habe übrigens alle behalten, alle schwarz-weißen Abzüge aus über vierzig Jahren.

Wenn ich, zu Zeiten der Analogfotografie, mit Kodachrome-Farbfilmen[1] arbeitete, fand ich die Blau- und Rottöne so schön, dass sie wichtiger wurden als die im Foto festgehaltenen Emotionen. Bei Schwarz-Weiß und all seinen Grauschattierungen hingegen kann ich mich auf die optische Dichte der Personen, ihre Haltung, ihre Blicke konzentrieren, ohne dass die Farbe stört. Natürlich ist die Realität eine andere. Aber wenn wir ein Schwarz-Weiß-Bild betrachten, durchdringt es uns, wir verarbeiten es, setzen es unbewusst in Farbe, eignen es uns an. Ich halte die Kraft von Schwarz-

1 Kodachrome war ein Dreifarbenfilm mit natürlicher Farbwiedergabe, den die Firma Kodak von 1935 bis in die 1990er-Jahre herstellte. Dieser Diafilm zeichnete sich durch eine hohe Schärfe, Feinkörnigkeit und lebendige Farben aus.

Weiß wirklich für außerordentlich. Deshalb wollte ich die Natur in Schwarz-Weiß festhalten. Das war für mich der beste Weg, ihre Persönlichkeit zu zeigen, ihre Würde herauszustellen. So wie bei der Annäherung an Menschen und Tiere muss man die Natur, um sie zu fotografieren, zunächst fühlen, lieben und respektieren. Für mich geschieht das alles durch die Schwarz-Weiß-Fotografie. Sie ist meine Wahl, mein Geschmack, aber sie steht auch für Einschränkungen und Schwierigkeiten, wie zum Beispiel in der reinweißen Welt der Antarktis und vor allem Sibiriens. In solchen Umgebungen fehlt es den Bildern an Kontrast, sobald die Sonne nur ein wenig von den Wolken verdeckt ist. Um ihnen Tiefe zu verleihen, muss man also die Abzüge überarbeiten. Doch am Ende ist das Ergebnis in meinen Augen wirklich schön.

24

Bei den Nenzen

Im Jahr 2011 führte mich »Genesis« an den Polarkreis, zu einer Begegnung mit dem Volk der Nenzen, nomadischen Rentierzüchtern, der größten ethnischen Gruppe Sibiriens. Es war eiskalt, um die minus 30, minus 40 Grad. Die Bedingungen für die Reportage waren fantastisch, aber schwierig, vor allem für mich, der ich in einem warmen Land geboren bin. Jacques hält der Kälte viel besser stand.

Wir mussten bei der Überquerung des Ob dabei sein, einem der längsten Ströme der Welt, der sich über 5.400 Kilometer zieht. An diesem heiklen Tag hatten wir bereits eine sehr lange Strecke in extremer Kälte hinter uns gebracht. Es war der schwierigste Tag. Selbst den Rentieren war es zu viel. Aber ich wusste, dass ich diesen Moment nicht verpassen durfte, er war der Höhepunkt unserer Reise. Doch wir befanden uns in einer Ebene, die flach war wie ein Tisch. Der Himmel war ganz weiß, es gab kaum Sonnenlicht; alles ungünstige Bedingungen. Ich hatte Luftaufnahmen geplant, wir hatten also einen Helikopter der Regierung angefragt, einen riesigen

Mi-8 mit 5 Tonnen Ladekapazität. Wegen der Entfernung und der Treibstoffmenge hatte ich nur 45 Minuten, um gelungene Fotos zu machen. Wir bereiteten uns also intensiv vor. Ich war sehr angespannt. Jacques, der sogar noch angespannter war, war die ganze Nacht krank gewesen. Wir mussten sichergehen, dass der Pilot uns erlauben würde, die Tür zu öffnen, dass die Gurte alle funktionstüchtig waren, damit ich, gut festgezurrt im Türrahmen, im Stehen fotografieren konnte; mussten sicher sein, dass die Akkus hielten, dass alles der durch den Wind noch verstärkten Kälte widerstehen würde. Außerdem fragte ich mich, ob mein Auge durchhalten würde, denn ich hatte bereits seit zwei Monaten eine Bell-Parese, eine halbseitige Gesichtslähmung. Doch sobald der Helikopter eintraf und ich an Bord ging, spielte mir alles in die Hände. In so einer Situation wird sogar das Unvollkommene Teil der Geschichte. Das ist die Macht, die entsteht, wenn man alles vorbereitet und dann alles kontrolliert hat. Sie führt selbst in schwierigen Augenblicken zu einem intensiven Vergnügen: Man hat den Eindruck, von etwas Größerem getragen zu werden, größer als man selbst, das aber die Folge von dem ist, was man zuvor geduldig aufgebaut hat.

Die Nenzen leben nur mit dem Nötigsten in einem schrecklich rauen Klima. Aufgrund meiner schlechten Angewohnheiten hatte ich Angst, dass es mir an allem fehlen könnte, wenn ich bei ihnen leben würde. Als ich dort eintraf, stellte ich fest, dass ich für diese eine Reise viel mehr mitgenommen hatte, als sie insgesamt besaßen.

Am Ende des Tages, nachdem ein Nenze viele Kilometer im Schlitten hinter sich gebracht hat, geht er in sein aus Rentierleder gefertigtes Zelt, das *tchoum*. Darin befindet sich sein gesamter

Besitz. Am nächsten Tag baut er es schnell ab, und sein ganzer Besitz findet wieder auf dem Schlitten Platz. Alles muss leicht sein, um die Rentiere nicht zu ermüden. Diese Menschen der Kälte kommen mit nur wenig aus, doch ihr Leben ist genauso intensiv, erfüllt, reich an Emotionen wie unseres. Vielleicht sogar noch mehr, denn bei dem Versuch, uns selbst zu schützen, häufen wir Besitztümer an, was uns so gut gelingt, dass wir zu leben vergessen.

Wir achten nicht mehr auf die Natur und die Anderen, wir isolieren uns von unserer Gemeinschaft. Das beschäftigt mich sehr. Ich bin besorgt, dass uns alle Technologien am Ende vereinsamen lassen. Je weiter die materielle Entwicklung voranschreitet, desto mehr Dinge kann jeder allein in seiner Ecke machen. Die Geschichte der Menschheit ist die unserer Gemeinschaft, doch wir zerstreuen uns, werden zu Einzelgängern. Niemand kann mir einreden, dass der Individualismus ein wertvolles Gut ist, nicht mehr als der Zynismus.

Es geht nicht darum, die Zeit zurückzudrehen. Niemand will den modernen Komfort aufgeben, was auch unserer Evolution widersprechen würde. Das gab es in der Geschichte noch nie. Aber wir dürfen unsere Orientierung, unseren Instinkt und unsere Spiritualität nicht verlieren. Was uns bis jetzt am Leben hält, ist unser

Abbildung auf der nachfolgenden Seite:

Bei den Nenzen werden die größten Rentierschlitten von Frauen gelenkt. Die Männer hingegen fahren die leichtesten und schnellsten, um damit die Tiere morgens zum Camp zu treiben. Jamal-Halbinsel, Sibirien, Russland, 2011.

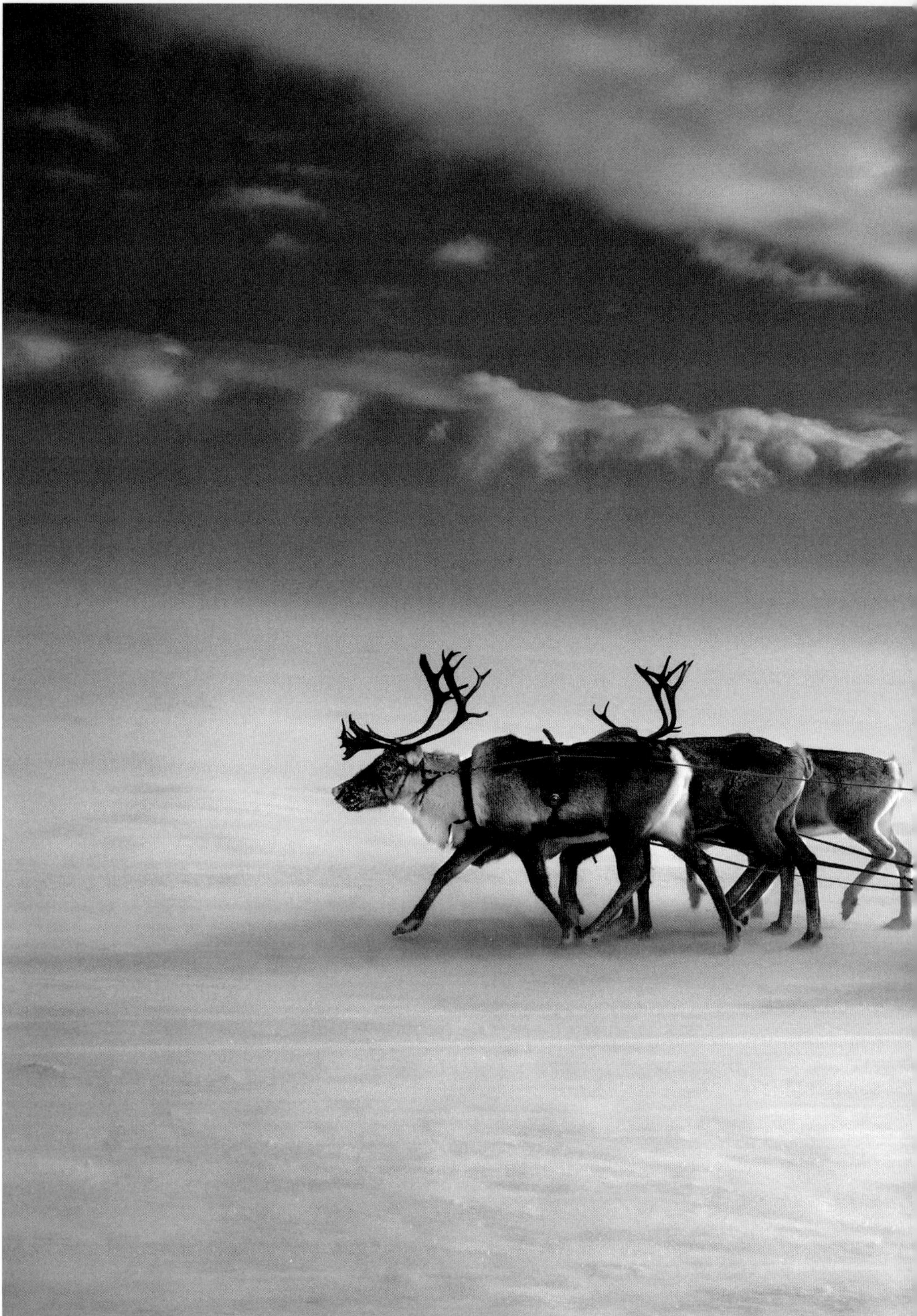

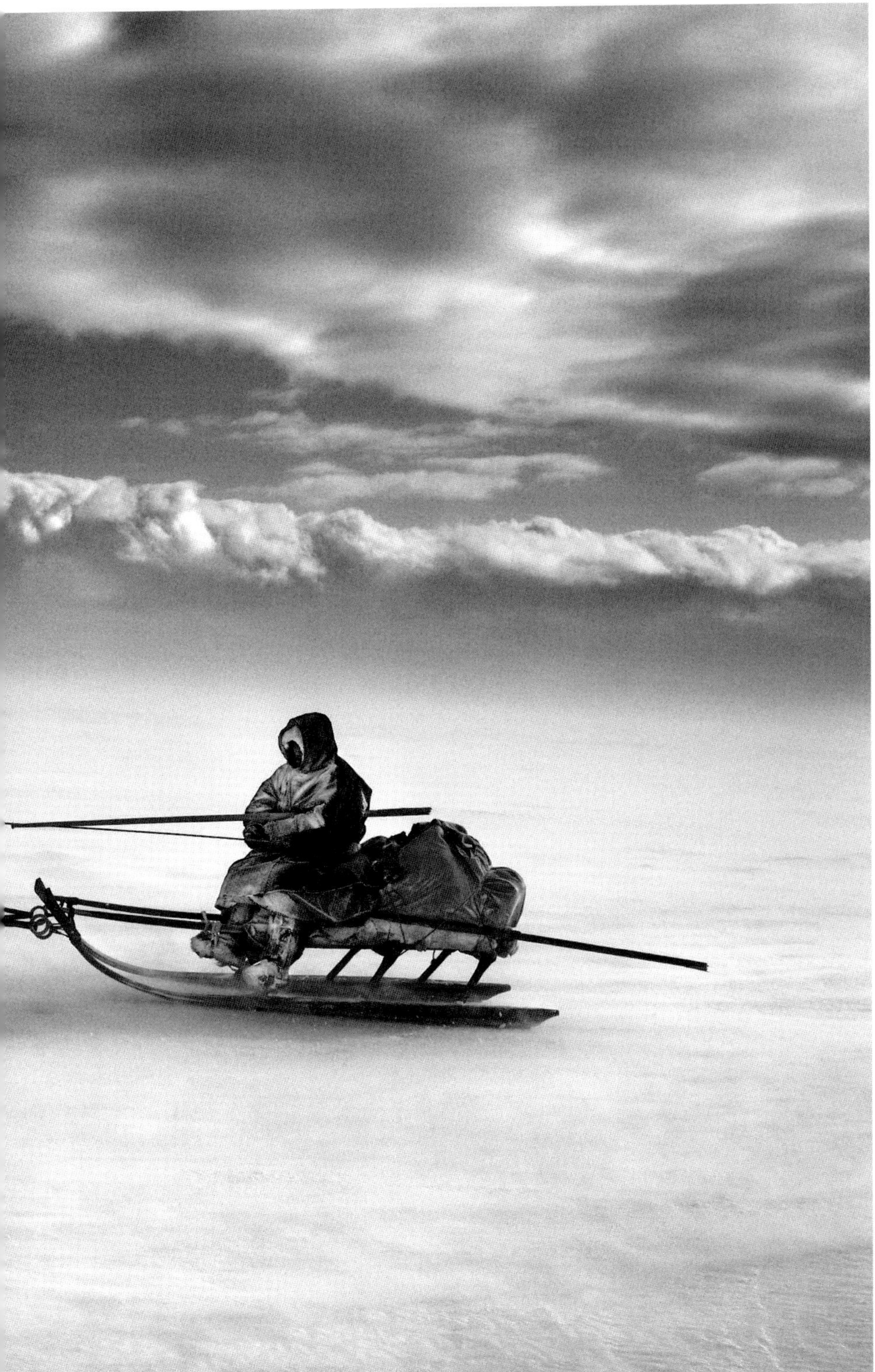

Gemeinschaftssinn und unsere Spiritualität. Ich habe nie auf individualistische Weise gearbeitet, indem ich meiner Umgebung Bilder entrissen hätte. Übrigens habe ich mein ganzes Leben lang Menschen fotografiert und hatte nie auch nur einen Prozess am Hals. Manche waren in einer schwierigen Lage, oft wirklich am Ende, als ich sie fotografierte. Aber ich fühlte mich nie als Voyeur. Nicht ein einziges Mal hatte ich dieses Gefühl. Vielmehr merkte ich dank »Genesis«, dass ich sehr, sehr alt bin.

Ich spürte mich selbst und fühlte mich als Teil der Gruppe, aber um 5.000 oder 10.000 Jahre in die Vergangenheit versetzt. Das bestätigte mich in vielen meiner Ansichten. Ob es sich um die Nenzen, die Abessinier, die Zo'és, die Himba-Nomaden oder die Papua aus Neuguinea handelt: Die Frauen und Männer, die ich traf, sind nicht viel anders als wir. Wir haben das gleiche Verhältnis zu Liebe, Glück, Vergnügen, kurz, zu allem, was das Leben im Grunde ausmacht.

Durch meine mehrwöchigen Aufenthalte bei Bevölkerungen, die leben, wie wir zu Urzeiten gelebt haben, erhielt ich auch den Beweis, dass die Grundprinzipien, auf denen unsere Welt fußt, schon existiert haben, lange bevor sich unsere Gesellschaft ausformte. Um die Bedürfnisse der Menschenmassen zu erfüllen, hat die industrielle Gesellschaft das Wissen und die Praktiken, die schon seit Urzeiten bekannt sind, systematisiert. Die Medizin erwähnte ich bereits, ebenso die Gesetze der Ballistik oder Praktiken wie das Räuchern. Man kann das Bewusstsein hinzufügen, das die Urvölker für die Natur und die Nutzung ihres Reichtums haben, ein Bewusstsein, das die Menschen in der industrialisierten Welt zu lange verloren hatten. Die Völker, die manche »primitiv« nennen, wissen genau, dass sie einen Ort, den sie erschöpft haben, ruhen lassen müssen. Durch die FUNAI erfuhr ich, dass die Indios, wenn sie eine Lagerstätte verlassen, erst etwa hundert Jahre später dorthin zurückkehren, wenn die Erde sich regeneriert hat.

Ich empfand gegenüber den sogenannten »primitiven« Lebewesen nie Überlegenheit. Deshalb fühlte ich mich bei meinen Besuchen auch nie als Fremder. Ich traf im Gegenteil auf Ebenbürtige und, ungelogen, sie brachten mir mehr bei als ich ihnen. Wir hatten einen kulturellen Austausch, und ich schloss sogar Freundschaften, wie mit Afukaka, dem Häuptling der Kuikuros im Xingú-Tal. Über einen Monat lang lebte ich bei ihm, und als ich abreiste, dachte ich, dass er vielleicht das menschlichste Wesen ist, das ich im Leben getroffen habe. Der beste Mensch. Es war ein gutes Gefühl, an seinem Leben teilzuhaben.

Diese Völker besitzen eine tiefe Kenntnis der Natur. Die Indios sind fähig, einen Jaguar zu riechen, eine Schlange zu sehen, wo ich nichts rieche oder sehe. Sie sind imstande auf einen Baum, egal wie hoch zu klettern, überall oder fast überall barfuß zu laufen, während ich sogar in meinen hochentwickelten Wanderschuhen leide. Im Himalaya wachte ich am Morgen nach einem langen Abstieg mit einem ganz blauen Zehennagel auf und war zwei Tage lang nicht imstande zu laufen. Um weiterzugehen, musste ich unter anderem die Sohle meines Schuhs einschneiden, kurz gesagt, ich musste komplizierte Vorkehrungen treffen, um meinen einheimischen Führern weiter folgen zu können.

Alle Menschen sind gleich, aber unsere Lebensweisen sind inzwischen so unterschiedlich, dass unsere Körper nicht mehr gleich sind. Die Naturvölker haben dreieckige Füße. Sie sind viel beweglicher, und ihre Zehen haften so gut an der Erde, dass sie nicht ausrutschen: Sie sind geländefähig. Unsere, die seit Jahrhunderten in Schuhen stecken, sind lang und schmal geworden; sie haften nicht mehr. Die Körper verändern sich auch durch die moderne Ernährung. Die Menschen in Industrieländern werden zu dick. Sogar bei meiner Ankunft in Frankreich waren die Leute noch schlanker.

Im Grunde bestand das schönste Geschenk, das ich mir in den letzten acht Jahren gemacht habe, darin, meiner eigenen Art zu begegnen, so wie sie vor mehreren Tausend Jahren war. Sie brachte mir vieles bei, was wir über die Jahrtausende hinweg fälschlicherweise vergessen hatten.

25

Mein eigener Stamm

Ich hatte wirklich Glück, das Fotografieren zu entdecken. Durch Zufall! Eines Tages sagte mein Vater zu mir: »Sebastião, du bist ein anerkannter Fotograf, du lebst in Paris. Aber ist dir klar, was passiert wäre, wenn ich die Farm verkauft hätte, als du ein Kind warst, während der großen Inflation, als so viele sich haben drankriegen lassen? Dann wärst du heute Traktorfahrer auf einer benachbarten Farm oder würdest im Slum einer großen Stadt leben.« Er hatte recht. Ich hatte immenses Glück, das zu erleben, was ich erlebt habe, in mehr als 120 Länder reisen zu können. Das nenne ich die großen Zusammenhänge oder auch Glück. Es hätte alles ganz anders verlaufen können. Ich hätte in die Sowjetunion gehen können, um mein Studium abzuschließen, und wäre dann vielleicht nie Fotograf geworden. Oder ich wäre bei der Weltbank angestellt. Ich hätte auch in Brasilien bleiben, in den Untergrund gehen können, wo man mich vielleicht umgebracht hätte. Ich hätte mich auch von Lélia trennen können. Lélia gab mir Halt. Sie hilft mir sehr viel, wir halten zusammen. Nach einer Reportage war immer der schönste Moment, in das letzte Taxi zu steigen, das mich zum letzten Flughafen brachte, von dem aus ich nach Hause zu meiner Frau und meinen Kindern flog. So oft erwartete sie mich ganz früh morgens am Flughafen Paris Orly oder Roissy! Wenn das Flugzeug nicht allzufrüh landete, brachte sie Juliano und Rodrigo mit. Ich war jedes Mal so bewegt, alle drei wiederzusehen … Lélia ist die große Wegbegleiterin in meinem Leben, der wichtigste Partner. Bei allem: wenn es um Ideen geht, um Projekte, unsere Familie, unsere Arbeit, unsere ökologischen Vorhaben.

Als wir uns begegneten, war sie 17 und ich nicht einmal 20. Seitdem haben wir alles gemeinsam erlebt. Neulich lief ich morgens durch die Straßen, und mir wurde bewusst, dass wir bei der Entscheidung unserer Aktivistengruppe fortzugehen, noch halbe Kinder waren. Unser Land und unsere Familien fehlten uns dann auch sehr. Lélia ließ sieben Geschwister in Brasilien zurück. Auch ich sah meine sieben Schwestern elf Jahre lang nicht. Als wir uns endlich in Brasilien wiedertrafen, waren meine Eltern, die bei unserer Abreise noch kräftig gewesen waren, alt geworden. Unser Heimweh hatte uns zusammengeschweißt, aber unser Leben war nicht immer einfach. Wir hatten dramatische Streits. Wir hatten sogar ein Scheidungsverfahren begonnen und viele Male standen wir kurz vor der Trennung! Aber wir haben so viel gemeinsam erlebt, tiefe Freuden und große Ängste. Wir haben wichtige Entscheidungen zusammen getroffen. Ich weiß nicht, wo ich anfange und wo sie aufhört. Mein Leben, das sind wir beide, das sind unsere Kinder Juliano und Rodrigo und unser Enkel Flavio. Wir sind dort angekommen, wo wir sind, weil wir zu zweit sind. Wir wissen, wie es ist, ohne Pass in einem anderen Land zu leben, manchmal Geld zu haben, manchmal nicht, für unsere Kinder kämpfen zu müssen.

Ich erinnere mich, dass Juliano, als wir ihn am Gymnasium anmeldeten, nur weil er einen brasilianischen, also portugiesischen Namen hatte, sogleich dem technischen Zweig zugeordnet wurde, was seinen Vorlieben nicht entsprach. Wieder einmal mussten wir kämpfen, damit er nicht in eine Schublade gesteckt wurde. Aber wir haben es geschafft, all das zu bewältigen, gemeinsam … Ich vergöttere meine Frau. Lélia ist eine Person mit einer unglaublichen Energie und Lebenslust, und sie besitzt unvorstellbare Kräfte, wenn es um ihre Familie geht. Manchmal schaue ich sie an und denke: Nanu, sie wird auch alt! Das ist nicht möglich, denn ich sehe in ihr immer noch die junge Frau. Wir sind tief miteinander verbunden. Unsere Familie hätte tausendmal auseinanderbrechen können, aber sie ist immer noch da, und es geht ihr heute sehr gut.

Als er noch klein war, hat Juliano mich oft auf Reportagen nach Asien oder Afrika begleitet, insbesondere nach Ruanda, unter den schrecklichen Umständen, die ich beschrieben habe. Aber wir haben wichtige Augenblicke geteilt, Entdeckungen, Begegnungen. Und wir haben ganz schön viel gelacht. Er weiß alles über meinen Sinn für Bilder und das Reisen. Es ist kein Zufall, dass er Regisseur geworden ist. Gemeinsam mit dem deutschen Filmemacher Wim Wenders hat er einen Film über meine Arbeit gedreht.[1] Juliano lebt

1 »Das Salz der Erde«, uraufgeführt bei den Internationalen Filmfestspielen von Cannes 2014. Der Film erhielt 2014 den deutschen Gilde-Filmpreis, wurde 2015 für den Oscar nominiert und gewann 2015 einen César als bester Dokumentarfilm.

sein eigenes Leben in Paris, aber wir sehen uns oft. Er und sein Sohn Flavio, ein wunderbarer Jugendlicher, stehen uns und Rodrigo sehr nahe.

Ein Kind mit Trisomie 21 zu haben, ich sagte es bereits, eröffnete uns eine neue Welt. Vor Kurzem waren wir beim Tag der offenen Tür in der Einrichtung, die Rodrigo tagsüber besucht. Es war wie jedes Mal wundervoll, unter diesen Menschen zu sein und unser Kind im Kreis seiner Freunde zu sehen, die über die Jahre auch zu unseren Kindern geworden sind. Es erlaubt einen anderen Blick auf die Welt im Vergleich zu der Zeit, als ich »normal« war, weil ich ein »normales« Kind hatte und in der Welt der »normalen Leute« lebte. An dem Tag, als unser zweiter Sohn geboren wurde, veränderte sich unsere Wahrnehmung des Lebens, der Gesellschaft, der Wirklichkeit. Ich laufe sogar anders durch die Straßen. Vorher habe ich die Menschen mit Handicap nicht bemerkt, inzwischen habe ich gelernt, sie zu sehen.

Seit dreißig Jahren findet Lélias, Julianos und mein Leben auch in der Welt des Handicaps statt. Wir erlebten sowohl Zusammenhalt als auch mangelnde Solidarität. Nach Rodrigos Geburt haben sich enge Freunde von uns entfernt. Manche konnten es nicht ertragen. Das schmerzt. Wir verstehen es, dass es zum Beispiel für eine schwangere Frau schwierig ist, eine Familie mit einem behinderten Kind zu besuchen. Man muss ohnehin Verständnis entwickeln, sonst verbittert man. Wir stellten auch fest, dass viele nicht wissen, wie sie mit einem Kind, das anders ist, einen umarmt und küsst, umgehen sollten. Zum Glück traf das nicht auf alle unsere Freunde zu, im Gegenteil: Einige sind uns dadurch noch nähergekommen.

Wir haben unseren Sohn nie in ein Internat gegeben. Er besucht tagsüber eine Behinderteneinrichtung und kommt abends wieder. Wir nehmen ihn überall mit, er ist bei allen Vernissagen meiner Ausstellungen dabei. Manche wundern sich darüber, doch das ist ganz natürlich: Er ist unser Sohn und somit ein Teil von uns. Wir haben unser Leben nach ihm eingerichtet. Als er noch klein war, versuchten wir immer, ihn mit anderen Kindern zu vergleichen, seine Fortschritte zu messen, seine Entwicklung, und wir verzweifelten darüber. Eines Tages waren wir mit ihm auf dem Weg nach Köln zu einem Spezialisten der rekonstruktiven Chirurgie, um die Zeichen der Trisomie in seinem Gesicht abmildern zu lassen. Vor unserer Ankunft hielten wir an einer Tankstelle, von der aus man bereits die Stadt sah. Als Lélia und ich dort miteinander sprachen, wurde uns klar, dass wir drauf und dran waren, unserem Sohn eine schwere Operation zuzumuten, aus Gründen des Erscheinungsbildes. Er würde leiden, aber es würde seine Trisomie nicht heilen. Für ihn ergab die Operation keinen Sinn, nur für uns. Also kehrten wir um und fuhren nach Paris zurück. Das alles muss man durchleben, um es zu verstehen. Lange Zeit grübelten wir über Rodrigos Problem, bis wir eines Tages die Lösung fanden: Es gibt keine! Er ist unser Sohn; er ist wir; er ist, wie er ist, und wir müssen ihn lieben, wie er ist.

So schmerzlich sein Handicap auch ist, Rodrigo bereitet uns sehr viel Freude. Er gab uns die Möglichkeit, die Welt mit anderen Augen zu sehen, andersartige Menschen zu treffen. Er gab mir Sanftheit. Unser Sohn bestätigt, was man uns prophezeit hatte: Was man ihm gibt, bekommt man doppelt zurück. Wer nichts gibt, bekommt nichts zurück, aber wenn man gibt …

Ich erinnere mich an das eine Mal, als ich im Süden des Libanons in einem Flüchtlingscamp war, in dem es große Spannungen gab. Ich sprach mit der palästinensischen Führung des Camps. Ich war für die UNHCR dort und erklärte also, worin meine Arbeit bestand, aber jedes Mal, wenn ich meine Kamera hervorholte, wurde eine Kalaschnikow auf mich gerichtet. Bis eines Tages ein Typ vorbeikam, ich ihn fotografierte und er mir dafür einen Kuss gab. Er hatte Trisomie 21. Meine Folgerung daraus? Die Lösung für unsere Aggressivität wäre vielleicht eine genetische Veränderung in jenem berühmten Chromosomenpaar 21, das Menschen mit Down-Syndrom drei Mal haben. Denn sie sind nie aggressiv. Sie werden manchmal wütend, aber sie richten die Wut gegen sich selbst, nie gegen andere. Zumindest habe ich das noch nie gesehen, weder bei unserem Sohn, noch bei jemand anderem mit Down-Syndrom.

Jedes Jahr veranstalten wir zu Rodrigos Geburtstag zwei Feste: eines in Brasilien im Sommer, das andere im Herbst in Paris. Wir laden Rodrigos behinderte Freunde ein, ihre Familien und unsere anderen Freunde. Es ist ein Anlass, um zwei Universen miteinander bekannt zu machen und den sogenannten »Normalen« die ihnen fremde Wirklichkeit eines Lebens mit Handicap zu zeigen. Sie entdecken eine andere Welt, in der aber viel Freude herrscht. Alle stellen danach fest, dass die Begegnung mit dieser Welt viel einfacher ist, als man denkt. Wir lachen viel mit Rodrigo. Er zeichnet sehr gut und das stundenlang, er liebt das. Er hat unbestreitbar einen künstlerischen Sinn, kann gut mit Farben umgehen. Eine seiner Freundinnen spielt wunderbar Klavier. Ihr Talent ist von ihrem Handicap nicht beeinträchtigt. Einen solchen Sohn zu haben bereichert uns, isoliert uns aber auch, denn er ist immer bei uns. Wir werden sehr wenig mit ihm eingeladen, lassen ihn aber ungern allein. Manche sagen: Lélia und Sebastião gehen zu wenig aus, sie besuchen keine Vernissagen. Aber wir leben mit Rodrigo zusammen. So ist das mit einem Kind mit Handicap. Anfangs war es sehr schwer, aber ab einem gewissen Punkt verstanden wir, dass das nun unser Leben sein würde. Man muss das Beste daraus machen.

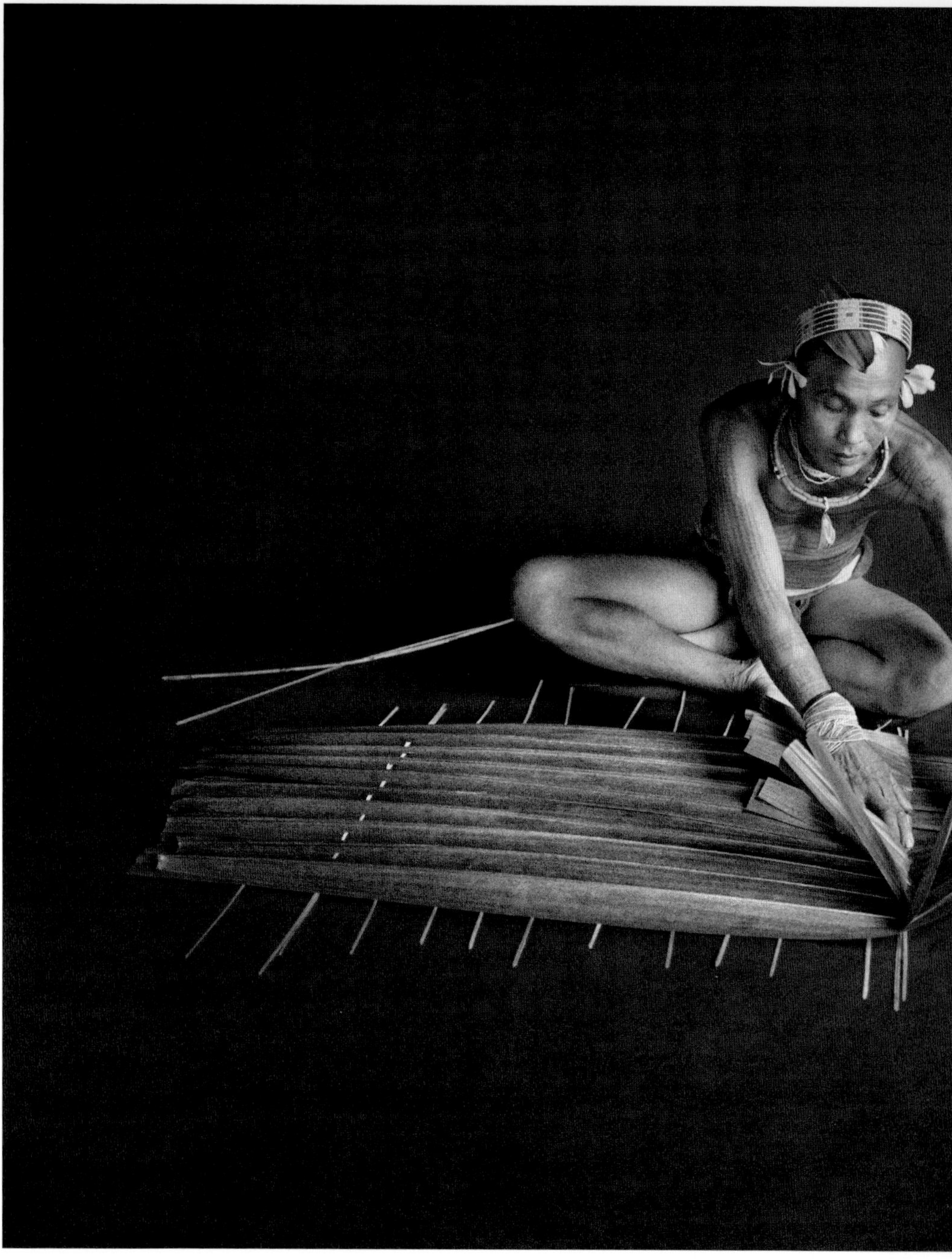

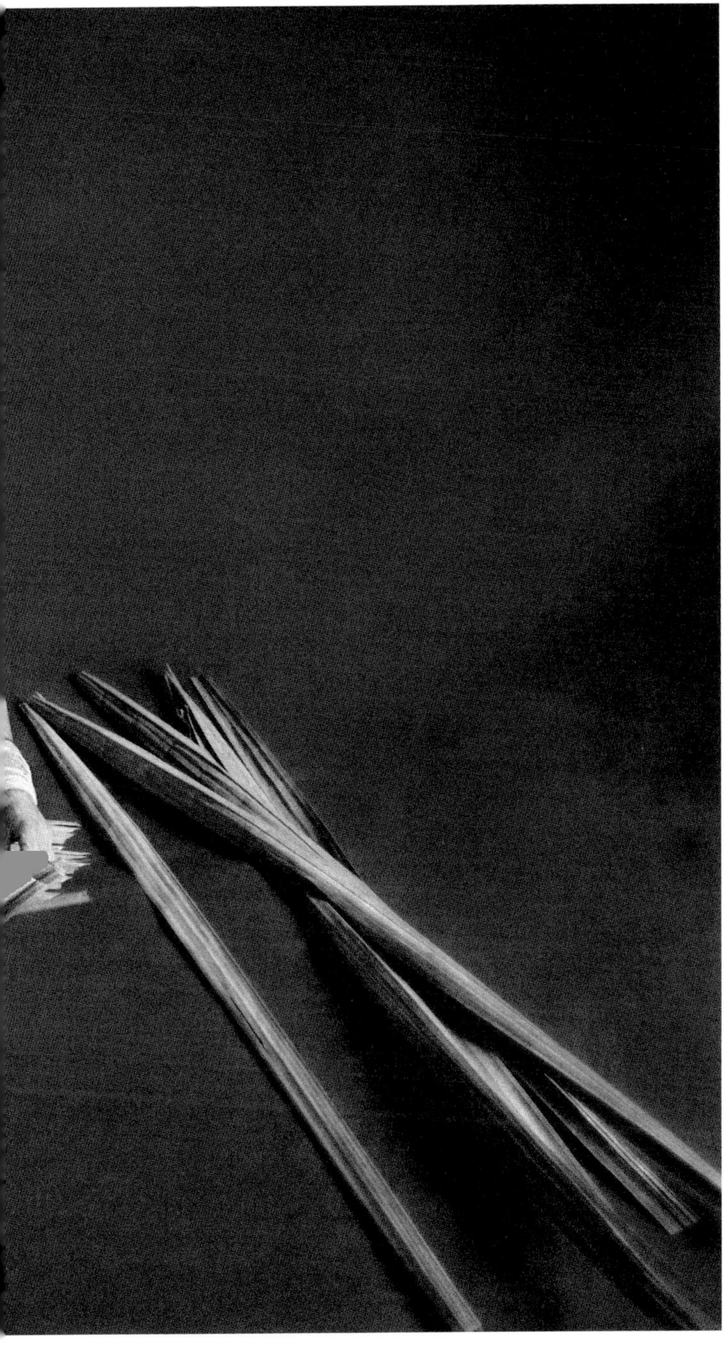

Schamane beim Anfertigen eines Siebs aus Sagoblättern. Insel Siberut, Sumatra, Indonesien, 2008.

Epilog

Ich war fast siebzig, als ich die Reportagen für »Genesis« beendete. Sie hatten mich körperlich erschöpft. Ich hatte strengen Wetterverhältnissen, von sehr kalt bis sehr heiß, von feucht bis trocken getrotzt und vor allem gewaltige Distanzen zu Fuß zurückgelegt. In der Stadt sind wir es gewohnt, ebenerdig zu laufen, aber im Wald mit den Indios geht man auf instabilem Terrain, man springt über Bäume. Manche sind so groß, dass man sich daraufsetzen und die Beine hinüberschwingen muss. Man stürzt sehr oft. Die Indios stürzen nie. Am ersten Tag, an den man durch den Wald läuft, ist man sehr erschöpft, da man Muskeln betätigt, die seit der Kindheit nicht mehr gearbeitet haben: Bei manchen wusste ich nicht einmal, dass ich sie habe. Zusammenfassend würde ich sagen, dass der Geist Gnade erfährt und der Körper Strafe.

Nach acht Jahren war ich müde, aber innerlich wiederhergestellt. Für »Exodus« hatte ich die schlimmsten und brutalsten Seiten unserer Spezies gesehen, und ich hatte nicht mehr daran geglaubt, dass sie zu retten sei. Die Arbeit an »Genesis« hat meine Meinung geändert.

Zum einen habe ich den Planeten gesehen. Ich hatte bereits die ganze Welt bereist, aber dieses Mal hatte ich das Gefühl, in sie hineinzugehen. Ich sah sie vom höchsten und vom niedrigsten Punkt aus, ich war überall. Ich entdeckte Gestein, Pflanzen und Tiere, und dann sah ich auch uns, die Menschen, wie wir zu Zeiten des menschlichen Ursprungs waren. Das schenkte mir Trost, denn der ursprüngliche Mensch ist sehr stark und besitzt sehr viel von dem, was wir als Städter verloren haben: Instinkt. Instinkt erlaubt uns, vieles zu spüren und vorauszusehen, Temperaturwechsel oder Wetterphänomene anhand des Verhaltens der Tiere wahrzunehmen. In Wirklichkeit sind wir dabei, unsere Erde zu verlassen, denn die Stadt ist einfach ein anderer Planet.

Ich sah, wie wir waren, bevor wir in die Brutalität der Städte geworfen wurden, wo sich unser Recht auf Platz, auf Luft, auf Himmel und Natur zwischen Mauern verliert. Wir haben Wände zwischen uns und der Natur errichtet. Auf einmal sind wir nicht mehr fähig zu sehen, zu riechen … Durch die Scheibe einen Vogel zu sehen und sich vorzustellen, dass dieser Vogel einen anderen liebt und mit ihm Liebe macht, dass er seine Jungen liebt, dass er sein Nest auf diesem oder jenem Baum gebaut hat, dass er vom Wind abhängig ist. Wir wissen nicht mehr, dass seine Haut eine spezielle Struktur hat, die ihn wie seine Federn vor Sonne, Regen und Schnee schützt … Wir sehen, wir wissen das alles nicht mehr. Als ich den Völkern begegnete, die so leben, wie wir früher gelebt haben, entdeckte ich diese Wunder aufs Neue – eine für mich sehr bereichernde Erfahrung. In meinem Buch »Arbeiter« zeigte ich stolz, dass wir ein unglaublich geschicktes Tier in Fragen der Produktion sind, aber ich sah auch, dass wir mit unserer Art zu leben alles getan haben, um das zu zerstören, was das Überleben unserer Art sichert.

Ich glaube nicht an einen großen Erschaffer, der der Natur und der Welt das Leben eingehaucht hat. Ich glaube eher an die Evolution, ich fühle mich als Schüler Darwins. Ich glaube an die Existenz gewisser Gesetze. Dass sich die Dinge in einer Dialektik ausbilden, durch das Anhäufen von Erfahrung, durch Reifung. Doch gehen nicht alle Reifungsprozesse in die richtige Richtung. Wir haben noch keine Erklärung für den Uranfang unserer Erde, aber seine Folgen können wir bereits wissenschaftlich erklären. »Genesis« gab mir die Möglichkeit, das Alter meines Planeten zu ermessen. In der Sahara sah ich Steine, die vor 16.000 Jahren ihre Form erhielten, in Venezuela Berge, die sechs Milliarden Jahre alt waren. Dadurch erhält das Leben eine andere Dimension: Es wird deutlich, dass man selbst nur einen winzigen Abschnitt darstellt.

Durch »Genesis« wurde mir bewusst, dass wir durch das Leben in den Städten, das uns von der Natur immer stärker abschneidet, zu komplizierten Tieren geworden sind. Indem wir uns der Erde entfremdeten, wurden wir selbst zu fremdartigen Wesen. Aber dieses Problem ist kein unlösbares: Sein Heilmittel lautet Information, und ich freue mich, wenn ich etwas dazu beitragen konnte. Die Antwort auf die Gefahr, die der Mensch auf sich und alle Arten des Planeten geladen hat, ist nicht, die Zeit zurückzudrehen, sondern sich wieder der Natur zuzuwenden. Das ist es, was Lélia und ich in Brasilien tun, indem wir den Wald neu anpflanzen. Nur Bäume sind in der Lage, das CO_2, das wir produzieren, zu verwerten. Der Baum ist die einzige Maschine, die CO_2 in Sauerstoff umwandeln kann. Der Wald verwertet unseren Schmutz und verwandelt ihn in Holz. Das ist phänomenal. Zumal der Wald kurz nach der Pflanzung, also in den ersten zwanzig Jahren, wenn die Bäume wachsen, das meiste CO_2 absorbiert.

Lélia und ich haben mit unseren Mitstreitern vom Instituto Terra zwei Millionen Bäume gepflanzt. Wir haben ausgerechnet, dass wir bis heute 97.000 Tonnen Kohlenstoff gebunden haben. Doch jeder kann in seinem Rahmen etwas tun. Es genügt zu wissen, dass es einen etwas angeht. Lélia und ich sind nicht reich, wir haben gearbeitet, und heute sind wir stolz, diesen Wald pflanzen zu können, dank unserer Arbeit und dank all derjenigen, die uns dabei geholfen haben. Woher wir unsere Energie nehmen? Wir ziehen sie aus einer Gewissheit: Sich dem Planeten wieder zuzuwenden ist der einzige Weg zu einem besseren Leben. Die moderne urbanisierte Welt mit ihren Regeln und Gesetzen engt uns ein. Nur in der Natur finden wir ein wenig Freiheit wieder. Das wollten wir mit »Genesis« zeigen, mit unseren Büchern und mit einer Reihe von Ausstellungen auf der ganzen Welt.

Wie wir auf das Thema Umwelt gekommen sind, ist merkwürdig. Manchmal frage ich mich: Wieso hatten wir solches Glück? Die Antwort gibt die Zeit, in der wir leben. So wie uns unsere Zeit in früheren Jahren zu den industriellen Veränderungen und dann zur Migration führte. Lélia und mir wird es immer wichtig sein, ein Leben zu führen, das mit der Gegenwart in Verbindung bleibt, aktiv zu sein. Wenn wir uns zurückblickend fragen, wie wir an diesen Punkt gekommen sind, stellen wir fest, dass es einfach unser Leben war, das uns dahin geführt hat, wo wir heute sind.

Meine Fotografie ist kein politisches Engagement, kein Beruf. Sie ist mein Leben. Ich liebe das Fotografieren, meine Kamera in der Hand zu halten, meinen Ausschnitt festzulegen, mit dem Licht zu spielen. Ich liebe es, mit den Menschen zusammenzuleben, eine Gemeinschaft zu beobachten oder die Tiere, Bäume und Steine zu betrachten. Das alles ist meine Fotografie. Ich kann nicht behaupten, dass mich rationale Entscheidungen hierhin oder dorthin führen, mein Inneres treibt mich an. Und der Wunsch zu fotografieren, wieder loszuziehen, woanders hinzugehen, nach neuen Bildern zu suchen, weiter und weiter zu fotografieren.

Auszeichnungen für Sebastião Salgado

1982
- W.-Eugene-Smith-Preis für Humanistische Fotografie, USA
- Auszeichnung für die Recherche zu den Bauern Lateinamerikas und Förderung für die Vervollständigung dieser Arbeit, Kulturministerium Frankreich

1984
- Prix de la Ville de Paris et Kodak für »Anderes Amerika«, Frankreich

1985
- World Press Award, Niederlande
- Oskar-Barnack-Preis, Deutschland

1986
- Prêmio de la Foto Ibero Americana, Spanien
- »Photographer of the Year«, International Center of Photography, USA
- Prix du Livre für »Sahel. L'Homme en détresse«, Arles International Festival, Frankreich
- ASMP Award (American Society of Magazine Photographers), USA
- Grand Prix und Prix du Public des »Monat des Fotos« für die Ausstellung »Autres Amériques«, Paris AudioVisuel, Frankreich

1987
- »Photographer of the Year«, American Society of Magazine Photographers, USA
- »Photographer of the Year«, Maine Photography Workshop, USA
- Olivier Rebbot Award, Overseas Press Club, USA
- Journalistenpreis Entwicklungshilfepolitik,
Deutsche Gesellschaft für Photographie, Deutschland
- Preis der Villa Medici, Außenministerium Frankreich

1988 · Erich-Salomon-Preis, Deutschland
· Rey-de-España-Preis, Spanien
· »Photographer of the Year«, International Center of Photography, USA
· ADC Award (Art Directors Club), USA

1989 · Erna und Victor Hasselblad Award für das Lebenswerk, Schweden
· The Artist of Merit Josef Sudek-Medaille, Tschechoslowakei

1990 · The Maine Photographic Workshop Award für das Buch »An Uncertain Grace«, USA
· Visa d'Or Award, International Festival of Photojournalism Perpignan, Frankreich

1991 · Common Wealth Award For Mass Communication, USA
· Le Grand Prix de la Ville de Paris, Frankreich
· ADC Gold Award, USA

1992 · Ehrenmitgliedschaft der American Academy of Arts and Sciences, USA
· Oskar-Barnack-Preis, Deutschland
· ADC Award, Deutschland

1993 · Prix du Livre für »Die Hand des Menschen«, Arles International Festival, Frankreich
· Trophée Match d'Or für das Lebenswerk, Frankreich
· The World Hunger Year's Harry Chapin Media Award für Fotojournalismus für das Buch »Die Hand des Menschen«, USA

1994 · Preis für die Buchveröffentlichung »Workers« (Aperture, USA, 1993), International Center of Photography, USA
· Centenary Medal und Honorary Fellowship der Royal Photography Society of Great Britain, Großbritannien
· »Professional Photographer of the year«, Photographic Manufacturers and Distributors Association (PMDA), USA
· Grand Prix National, Frankreich
· Award of Excellence und Silver Medal des Designwettbewerbs der Society of Newspaper Design, USA

1995 · ADC Silver Award, USA
· ADC Silver Award, Deutschland

1996 · Award »Overseas Press Club of America«, Citation for Excellence, USA
· ADC Award, Deutschland

1997 · Prêmio Nacional de Fotografia, Brasilien
· Prêmio A Luta pela Terra, Personalidade da reforma agrária, Brasilien

1998 · ADC Silver Award, Deutschland
· The Alfred Eisenstaedt »Life Legend« Award, Life Magazine, USA
· Prêmio Jabuti für das Buch »Terra«, Brasilien
· Premio »Príncipe de Asturias de las Artes«, Spanien

1999 · The Alfred Eisenstaedt Award for Magazine Photography / The Way we live, USA
· Prêmio Unesco in der Kategorie Kultur, Brasilien

2000 / 2001
· Ehrendoktorwürde der Universität von Evora, Portugal
· Ehrendoktorwürde der Schönen Künste, New School University, N.Y., USA
· Ehrendoktorwürde der Schönen Künste, The Art Institute Boston, Lesley University, Boston, USA
· Prêmio Muriqui, Conselho nacional da Reserva da Biosfera da Mata Atlântica, Brasilien
· Ehrenbotschafter der Unicef
· Premio »Ayuda en Accion«, Madrid, Spanien

2002 · Ehrendoktorwürde Nottingham, Großbritannien
· Ehrenpreis, Art Directors Club 81st Annual Awards, für das Buch »The final fight against polio«, USA

2003 · International Award of the Photographic Society of Japan, Japan

2004 · »Comendador da Ordem de Rio Branco«, Brasilien

2005 · Gold Medal Award for Photography, The National Arts Club, USA

2007 · Preis der Michael-Horbach-Stiftung, Deutschland

2008 · Prêmio Faz Diferença, Rio de Janeiro, Brasilien

2010 · Excellence in the Reporting of Social Issues Award, The American Sociological Association, USA
· NANPA Lifetime Achievement Award, The North American Nature Photography Association, USA
· Save the Children International Prize, Madrid, Spanien
· Gold Medal of Honour, the Al-Thani Award for Photography, Doha, Katar

2011 · International Understanding through Photography Award, Photographic Society of America, USA

2012 · »Personalidade Ambiental«-Preis des World Wildlife Fund, Brasilien

2014 · Commandeur de l'Ordre des Arts et des Lettres, Frankreich
· Premio Ítaca, Spanien

2015 · Spezialpreis des Photography Appreciation Award
· Hamdan International Photography Award, Dubai
· The Cherry Kearton Medal and Award der Royal Geographical Society, Großbritannien
· Photo London Master of Photography Award, Großbritannien

2016 · Mitglied der Académie des Beaux-Arts des Institut de France, Frankreich
· Ritter der Ehrenlegion, Frankreich
· Ehrendoktorwürde der Universität Vitória, Brasilien
· International Primo Levi Award, Italien
· Premio Personalidade França-Brasil, Brasilien

2018 · Preis der Sociedad Geografica Española, Spanien
· Kulturverdienstorden des Fürstentums Monaco
· Prix de la Lusophonie (mit Lélia Wanick Salgado), Frankreich

2019 · Friedenspreis des Deutschen Buchhandels, Deutschland
· Ehrenmitglied der American Academy of Arts and Letters, USA

Mehr über Sebastião Salgado
und sein Werk
finden Sie auf seiner Website:

www.amazonasimages.com